Hans-Friedrich Lenz

„Sagen Sie, Herr Pfarrer,
wie kommen Sie zur SS?"

Meiner Frau

Hans-Friedrich Lenz

„Sagen Sie, Herr Pfarrer, wie kommen Sie zur SS?"

Bericht eines Pfarrers der
Bekennenden Kirche über seine
Erlebnisse im Kirchenkampf
und als SS-Oberscharführer
im Konzentrationslager Hersbruck

BRUNNEN VERLAG · GIESSEN UND BASEL

Bücher, die dieses Zeichen tragen, wollen die Botschaft von Jesus Christus in unserer Zeit glaubhaft bezeugen.

Das ABCteam-Programm umfaßt:

- ABCteam-Taschenbücher
- ABCteam-Paperbacks mit den Sonderreihen:
  Glauben und Denken (G + D) und Werkbücher (W)
- ABCteam-Jugendbücher (J)
- ABCteam-Geschenkbände

ABCteam-Bücher erscheinen in folgenden Verlagen:

Aussaat Verlag Wuppertal/R. Brockhaus Verlag Wuppertal
Brunnen Verlag Gießen/Bundes Verlag Witten
Christliches Verlagshaus Stuttgart/Oncken Verlag Wuppertal
Schriftenmissions-Verlag Gladbeck

ABCteam-Bücher kann jede Buchhandlung besorgen.

Umschlaggestaltung: Martin Künkler
© 1982 Brunnen Verlag, Gießen
Satz: IBV Lichtsatz KG, Berlin
Herstellung: St.-Johannis-Druckerei, Lahr
ISBN 3-7655-2276-7

Inhalt

Geleitwort von Kirchenpräsident D. Helmut Hild	7
Vorwort von Prof. Dr. Friedrich Hahn	9
Zur Vorgeschichte	11
1. Jugend- und Studentenzeit	15
2. Im Kirchenkampf	22
3. Mein Kriegs- und Pfarrdienst in Münzenberg	62
4. Als Schreiber im Konzentrationslager Hersbruck	68
24 Tage unter Kommandoführer Fügner	68
94 Tage unter Kommandoführer Forster	82
Über 130 Tage unter Kommandoführer Schwarz	109
5. Die Zahl der Toten	145
6. Meine Entnazifizierung	149
7. Die Prozesse	155
Nachwort	161
Anmerkungen	162

Geleitwort

Die Geschichte des Kampfes der Bekennenden Kirche um die Unabhängigkeit der Verkündigung des Evangeliums gegenüber den Totalitätsansprüchen und der Gewalt des Nationalsozialismus ist in vielen Veröffentlichungen beschrieben worden. Auch der Autor des hier vorliegenden Berichtes arbeitet an einer Dokumentation mit, die die Ereignisse des Kirchenkampfes im Bereich der Evangelischen Kirche in Hessen und Nassau festhalten soll.
In diesen Berichten treten naturgemäß die persönlichen Schicksale und Erfahrungen der am Kirchenkampf beteiligten Pfarrer und Gemeindeglieder zurück. Darum wird leicht übersehen, wieviel Vertrauen auf die Führung Gottes erforderlich war und welcher Entschiedenheit es bedurfte, um des Evangeliums willen Widerstand zu leisten, auch in Situationen, die ausweglos erschienen. Der folgende Bericht schildert die Erfahrungen eines Pfarrers aus der Bekennenden Kirche in Lebenssituationen, in denen sich die brutale Gewalt der Machthaber und die Notwendigkeit, sich nicht zu beugen, tragisch verflochten haben. Die Kriegserlebnisse von Pfarrer Hans-Friedrich Lenz machen in besonderer Weise deutlich, daß Geduld, Kraft, Mut und Weisheit dann geschenkt werden, wenn man sein Vertrauen auf Gott setzt.
Ich wünsche dem vorliegenden Buch weite Verbreitung.

D. Helmut Hild
Pfarrer und Kirchenpräsident

Vorwort

Dieses Buch geht auf Interviews und eine umfangreiche Korrespondenz zurück, die der amerikanische Soziologe Prof. Dr. Elmer Luchterhand, New York, zwischen 1975 und 1980 mit dem Autor führte.
Hans-Friedrich Lenz berichtete Luchterhand über seine Erlebnisse und Erfahrungen als Schreiber von Kommandoführern des Konzentrationslagers Hersbruck bei Nürnberg in den Jahren 1944 bis 1945.
Hersbruck war ein berüchtigtes SS-Arbeitslager, das zum Konzentrationslager Flossenbürg gehörte. Es gab insgesamt 57 Stamm- oder Hauptlager, wie Dachau, Flossenbürg, Auschwitz und Treblinka, und über 1000 Außenlager, die je zur Hälfte SS-Arbeitslager (Konzentrationslager) und Außenkommandos waren.
Aufgrund von Tagebuchnotizen aus jener Zeit und Briefen an seine Frau entstand ein umfangreicher Informationsbericht, der um eine Darstellung über die Herkunft des Verfassers, die Einflüsse seines Elternhauses und die Tätigkeit als Pfarrer der Bekennenden Kirche im Kirchenkampf während des Dritten Reiches erweitert wurde. Dieser Bericht diente dem Soziologen Luchterhand als Unterlage für sein bisher unveröffentlichtes wissenschaftliches Werk mit dem Titel „Doggerwerk". „Doggerwerk" war die Tarnbezeichnung einer gegen Ende des Krieges geplanten unterirdischen Flugzeugmotorenfabrik bei Hersbruck-Happurg, bei deren Bau KZ-Häftlinge aus dem SS-Arbeitslager Hersbruck eingesetzt wurden.
Aus der intensiven Beschäftigung mit dem Informationsbericht erwuchs die Frage, ob nicht eine breitere Öffentlichkeit mit den Erlebnissen eines Mannes bekanntgemacht werden sollte, der als zur SS abkommandierter Soldat seinen Glauben an Christus nicht verleugnen wollte.
So versteht sich dieses Buch nicht nur als Beitrag zur Zeitgeschichte in den Jahren 1933–1945. Es ist zugleich Zeugnis eines Christen, der unter einer sich immer schrecklicher demaskierenden Diktatur sein Bekenntnis zu Christus in aller Schwachheit und bei manchem Versagen durchzuhalten versuchte.

Prof. Dr. Friedrich Hahn

Zur Vorgeschichte

Am 30. Juni 1945, einige Wochen nach meiner Heimkehr aus der Kriegsgefangenschaft, wurde ich vor die amerikanische Militärregierung – CIC – in Bad Nauheim befohlen. Ich packte also wieder meinen Rucksack und verabschiedete mich von meiner Frau und unseren drei Kindern, nachdem wir uns unter Gottes Wort gestellt hatten. Vor dem Kommandanten des amerikanischen Kriegsgefangenenlagers bei Neu-Ulm hatte ich erst vor kurzem mündlich und schriftlich dagegen protestiert, in das Lager Dachau gebracht zu werden. Spontan hatte er entschieden: „Okay, mit sofortiger Wirkung entlassen. Ich darf es nicht und tue es doch!"
Angehörige der SS wurden nur in Ausnahmefällen, vom Rang eines Unterscharführers an überhaupt nicht, aus der Kriegsgefangenschaft entlassen. Um ihre Beteiligung an Kriegsverbrechen der SS überprüfen zu können, brachte man sie nach Dachau. Ich aber war sogar Oberscharführer des SS-Totenkopf-Sturmbanns Flossenbürg, Kommando SS-Arbeitslager Hersbruck, gewesen und mußte nun mit erneuter und langer Kriegsgefangenschaft rechnen. Meine Hersbrucker Kameraden kamen erst nach zwei Jahren als Unbelastete aus dem Lager.
In Bad Nauheim empfing mich ein Major der CIC erstaunt, aber nicht unfreundlich mit der Frage: „Sagen Sie, Herr Pfarrer, wie kommen Sie zur SS?"
Nach meinem ausführlichen Bericht war von einer Verhaftung keine Rede mehr. Der Major gestattete mir sogar, zwei junge Gemeindeglieder, die als Angehörige der Waffen-SS ebenfalls zum Verhör vorgeladen waren, mit nach Hause zu nehmen. Der eine war zur SS eingezogen worden und hatte mit seiner ganzen Familie während des Kirchenkampfes zur Bekennenden Kirche gehört. Der andere hatte sich freiwillig zur SS gemeldet, war mit seinem ganzen SS-Sturm aus der Kirche ausgetreten, hatte an der Front ein Bein verloren und kam aus einer Familie, die während des Kirchenkampfes gegen die Kirche gestanden hatte.

Der amerikanische Major konnte es kaum glauben: Ein Pfarrer bei der SS! Doch es war nicht nur ungewöhnlich, es war schockierend:

Ein Pfarrer bei der Totenkopf-SS im SS-Arbeitslager Hersbruck bei Nürnberg, dem größten und berüchtigtsten aller 96 Außenlager des Konzentrationslagers Flossenbürg. So etwas dürfte es in dieser Weise während des Dritten Reiches nur einmal gegeben haben.

Um Mißverständnissen vorzubeugen: Ich war nicht als Militärpfarrer bei der SS-Wachmannschaft oder als Lagerpfarrer bei den Häftlingen eingesetzt. Luftwaffe und SS hatten keine Militärpfarrer wie das Heer oder die Marine. Außerdem war den Kirchen jeder seelsorgerliche Dienst an Häftlingen in Konzentrationslagern verboten. Das hatte ich in der „Ordnung Deutscher Konzentrationslager" blitzschnell feststellen können, als der Schrank für „Geheime Kommandosachen" im Wohnzimmer des Kommandoführers einmal vollkommen vorschriftswidrig offenstand. Ich bin also in Hersbruck nicht in der Funktion eines Pfarrers gewesen. Doch das bedeutete keineswegs, daß sich der Feldwebel Lenz auch nur einen Augenblick als überstellter SS-Oberscharführer von seiner Zeugnispflicht als Pfarrer entbunden gefühlt hätte. Gemessen an dieser Verpflichtung, wird freilich ein Christ, besonders unter solchen, ganz und gar ungewöhnlichen, außerordentlichen Umständen immer das „Herr, erbarme dich" nötig haben.

Vielleicht aber versucht der Leser einmal, sich in meine Lage zu versetzen, um sich ungefähr vorstellen zu können, welche Entscheidungen von mir verlangt wurden. Die Konsequenzen solcher Entscheidungen waren permanent lebensgefährlich.

Der Bericht über meine Erlebnisse in Hersbruck hat eine lange Vorgeschichte. Wegen meiner Teilnahme am Kampf der Bekennenden Kirche wurde ich seit 1934 von den Nationalsozialisten ununterbrochen bedrängt. Doch erst 1944 konnten sie meine Versetzung aus meiner Luftnachrichteneinheit und damit auch meine Vertreibung aus meinen Gemeinden durchsetzen. Damals kam ich an das Konzentrationslager Hersbruck.

Vor meinem Anschluß an die Bekennende Kirche war ich Nationalsozialist. Das will ich weder verschweigen noch als „Jugendsünde" verharmlosen. Möglicherweise wurde meine Haltung im Kirchenkampf, die eine kompromißlose Auseinandersetzung taktisch „klugem" Verhalten vorzog, durch meine Erfahrungen mit den Nationalsozialisten bestimmt. Ganz gewiß aber gingen die Nationalsozialisten gegen mich wegen meines „Abfalls" sehr viel schärfer vor.

Um all diese Zusammenhänge deutlicher werden zu lassen, möchte ich zunächst über meine Erlebnisse in der Zeit der Weimarer Republik, des Dritten Reiches und des Kirchenkampfes berichten. Erst danach werde ich mich dem eigentlichen Thema meines Berichtes, den Erlebnissen eines Pfarrers im Konzentrationslager Hersbruck, zuwenden.
Für die Jahre 1918–1932 besitze ich keine schriftlichen Unterlagen. Ich muß mich deshalb für diesen Zeitraum auf meine jetzt nahezu sechzigjährige Erinnerung verlassen. Für ungenaue, vielleicht sogar unrichtige historische Angaben bitte ich aus diesem Grunde um Nachsicht. Mein Anliegen ist nicht Geschichtsschreibung, sondern ein persönlicher Bericht über meine Erlebnisse.
Für die Zeit des Kirchenkampfes liegen mir dagegen zahlreiche persönliche Akten vor, die trotz wiederholter Durchsuchungen meines Amtszimmers durch die Geheime Staatspolizei fast lückenlos erhalten sind. Ich hatte sie in einer weit entfernten Scheune meines illegal arbeitenden Vikars Ernst versteckt.
Über meinen Dienst in Hersbruck kann ich anhand meiner „Hersbrucker Notizen", den fast täglichen Briefen an meine Frau sowie zahlreicher Briefe und Zeugnisse berichten, die mir ehemalige Häftlinge nach dem Kriege geschrieben haben.[1] Diese „Hersbrucker Notizen" (HN) habe ich täglich und aus Tarnungsgründen in knappster Form, zum Teil in Stenographie oder lateinischer Sprache, in zwei Luftwaffentaschenkalender eingetragen. Ab Mitte März 1945 werden die Eintragungen aus Zeitmangel etwas unregelmäßiger; sie stimmen von da an auch häufig nicht mehr mit den vorgedruckten Kalenderdaten überein. Diese „Tarnung" der HN war vollkommen unzureichend. Vor allem wenn man das hohe Risiko bedenkt, das Aufzeichnungen über Vorgänge bei den geheimen Bauvorhaben der SS in einem Konzentrationslager während des Krieges notwendigerweise bedeuteten.
Am Ende des Krieges habe ich dann meine Notizen in einem unbewachten Augenblick im bayrischen Kriegsgefangenensammellager Miesbach dem evangelischen Gemeindepfarrer Dr. Buergel-Goodwin übergeben können. Er schickte sie mir am 23. Oktober 1946 mit folgenden Worten: „Herzliche Grüße, lieber Amtsbruder. Freue mich, es gefunden zu haben. Die Amis hatten den Umschlag geöffnet, aber wieder hingeworfen."
Die Briefe an meine Frau waren natürlich nicht als Chronik meiner Erlebnisse in Hersbruck für spätere Zeiten gedacht. Sie enthalten Berichte über Ereignisse, die mich jeweils in besonderer Weise be-

wegten und die meine Familie, auch aus Gründen der Fürbitte, erfahren sollte.
Obwohl ich mit der Zensur durch Kompaniefeldwebel Schulz, der die SS-Feldpostdienststelle der Kompanie leitete, und durch die Geheime Staatspolizei in der Heimat rechnen mußte, änderte ich meine Schreibgewohnheiten nicht. Allerdings vereinbarte ich mit meiner Frau, als sie mich Ende August überraschend besuchte, daß sie in ihren Briefen auf Berichte über meinen Dienst nicht eingehen sollte. So hoffte ich, das Risiko bei Briefzensuren zu verringern.
Ob man wohl am Stil und Schriftbild mancher meiner Briefe erkennen kann, wie sie mitunter geschrieben wurden? Tagsüber, wenn der Kommandoführer gerade nicht da war, in seinem Dienstzimmer, oft durch eintretende SS-Leute unterbrochen, voller Angst, entdeckt zu werden, hastig oder auch spätabends in meinem Zimmer – übermüdet und in Eile.
Auf diese Hast ist auch der manchmal vorkommende Wir-Stil zurückzuführen. Er bedeutet auf gar keinen Fall, daß ich mich irgendwo mit diesen Ereignissen und der dafür verantwortlichen NS-Obrigkeit identifizierte.
Die Erlebnisse in Hersbruck bewegten mich damals so sehr, daß ich hoffte, späteren Erinnerungslücken durch meine Notizen begegnen zu können. Diese Erwartung hat sich erfüllt. Die zwölf von mir ausgewerteten Briefe haben nicht nur meine Erinnerungen aufgefrischt, sondern auch die Zuverlässigkeit der HN bewiesen. Hinzu kam, daß ich sechsmal als Zeuge bei amerikanischen Militärprozessen in Dachau, dreimal bei Verhandlungen des Landgerichtes Nürnberg-Fürth vorgeladen war und nicht mehr zu zählende mündliche und schriftliche Vernehmungen durch Gendarmerie, Kriminalpolizei, Untersuchungsrichter u. a. über mich ergehen lassen mußte. Das alles hat meine Erinnerung wachgehalten und geschärft. Aber auch ohne diese Vorgänge hätte mich die Erinnerung an die grauenhaften Erlebnisse nicht losgelassen. Es sei denn, ich hätte sie absichtlich aus meinem Bewußtsein verdrängt, um „endlich meine Ruhe zu haben". Das aber wäre vor dem lebendigen Gott eine gefährliche Sache gewesen.

1. Jugend- und Studentenzeit

Wie Pastor Martin Niemöller bin ich als Sohn eines Pfarrers 1902 geboren, der deutschnational dachte, sich in seinem Bekenntnis aber allein und ausschließlich auf die Bibel stützte.
Mein Vater stammte aus einer kleinbäuerlichen Familie Oberhessens. Diese kleinen landwirtschaftlichen Betriebe hatten mit Handelsjuden z. T. schlimme Erfahrungen machen müssen. Sie bangten vor dem berüchtigten „Bauernlegen" durch jüdische Händler; ging es dabei doch oft um Haus und Hof. Antisemitische Bauernbewegungen waren deshalb in Hessen nichts Ungewöhnliches. Dazu kam der judenfeindliche Einfluß des Berliner Oberhofpredigers Adolf Stöcker, der im nahen Dillkreis eine große Anhängerschaft hatte.
Mein Großvater war ein selbständiger Handwerksmeister mit einer kinderreichen Familie, der um seine Existenz hart ringen mußte. Das ihm fehlende Kapital sah er – für sich unerreichbar – in jüdischen Händen.
Unter dem Einfluß meines Vaters, der eine beeindruckende, starke Persönlichkeit war, akzeptierte ich schon sehr früh antisemitisches Gedankengut.
Wir waren keine Judenhasser. Aber wir wollten den nach unserer Meinung übermächtigen Einfluß der Juden in Politik, Wirtschaft und Finanzwesen ausschalten. Sie sollten Minderheitenrechte in Anspruch nehmen; denn wir betrachteten Juden nicht als Deutsche, sondern als „deutsche Staatsbürger jüdischer Rasse". Im übrigen wollten wir durchaus schiedlich und friedlich mit ihnen zusammenleben. So spielte mein Vater mit einem Juden oft vierhändig Klavier, hielt ich im Gymnasium mit einem jüdischen Klassenkameraden gute Kameradschaft, und in meiner Studentenverbindung, die keine Juden aufnahm, ging ein jüdischer Lehrer aus und ein. Selbst der Wikingbund fand nichts dabei, am 9. November 1923, dem Tag des Hitlerputsches, von Gießen aus mit zwei Lastkraftwagen zum Einsatz zu fahren, die ein jüdischer Bürger zur Verfügung gestellt hatte. Auf die Idee einer Vertreibung oder gar Ausrottung aller Juden kam niemand von uns.
Für mich persönlich wurde der Antisemitismus meiner Jugend- und Studentenzeit mit dem Beginn meines Pfarrdienstes immer frag-

würdiger, und bei meinem Eintritt in die Bekennende Kirche und meiner Beteiligung am Kirchenkampf existierte er für mich nicht mehr.

Trotzdem fühle ich mich an dem grauenhaften Völkermord unter Adolf Hitler mitschuldig, auch wenn ich mit so vielen anderen sagen kann: Das habe ich nicht gewollt; das Schlimmste habe ich noch nicht einmal gewußt. Das Wissen um diese meine Mitschuld aber würde mich so belasten, daß ich keinen inneren Frieden finden könnte, wenn uns Christus nicht gesagt hätte, daß dem vergeben wird, der seine Schuld bekennt.

Mit dem verlorenen Ersten Weltkrieg brach 1918 das Deutsche Reich zusammen. Die Regierung der Weimarer Republik nahm den in verletzender Weise von den Siegermächten diktierten Versailler Vertrag an. Die Folgen dieses Friedensdiktates, das den Besiegten in entehrender Weise die alleinige Kriegsschuld zuschrieb, Deutschland zerstückelte und für Generationen unerschwingliche Reparationen auferlegte, führten mich sechzehnjährigen Gymnasiasten mit vielen meiner Klassenkameraden, die aus geistig sehr unterschiedlich orientierten Elternhäusern aller sozialen Schichten kamen, in die Opposition zur Weimarer Republik.

1919 schloß ich mich einer national eingestellten, aber nicht parteipolitischen Jugendbewegung an, der Jugendliche und Kinder aller Bevölkerungsschichten angehörten. Hier pflegten wir die Ideale einer einfachen und moralisch sauberen Lebensführung angesichts einer immer stärker werdenden materialistischen Geisteshaltung sowie die Liebe zu Volk und Vaterland. Wir wanderten, genossen das Lagerleben, sangen Volkslieder, lernten Volkstänze – und das alles ohne nationalistischen Chauvinismus. Noch heute, nach rund sechzig Jahren, bezeugen viele, daß sie durch diese Jugendbewegung für ihr ganzes Leben positiv geprägt wurden.

Die Inflation, der Zusammenbruch der Währung und eine millionenfache Arbeitslosigkeit als Folgen des verlorenen Krieges ließen die zwanziger Jahre zu einer Zeit wirtschaftlicher Krisen und Katastrophen werden. Auch ich habe als Student zeitweise hungern müssen. So erinnere ich mich daran, daß meine Eltern für die siebenköpfige Familie von einem ganzen Monatsgehalt gerade noch einen Laib Brot kaufen konnten; so schnell war der Geldwert in allerkürzester Zeit gesunken. Von diesen Folgen der Inflation war der größte Teil unseres Volkes betroffen. Vor allem in den Großstädten fielen die vollkommen entkräfteten Menschen den schweren Grip-

peepidemien zum Opfer. Unsere Familie hatte zum Glück einen großen Nutzgarten.
Zu diesen wirtschaftlichen Schwierigkeiten kamen die chaotischen politischen Verhältnisse im Reich. Putsche und Aufstände von links und rechts lösten sich ab. Jeder wollte das Chaos beenden, und jeder vermehrte es nur noch. Die schwachen Regierungen konnten sich gegen die kommunistischen Aufstände in München, Oberschlesien, Berlin, im Ruhrgebiet und Thüringen in den Jahren 1919, 1920 und 1923 nur mit Hilfe der Reichswehr, konterrevolutionärer Marinebrigaden und Freikorps behaupten. Und die wiederum hätten 1921 im Kapp-Putsch beinahe die Regierung gestürzt.
1922 trat ich als zwanzigjähriger Student mit einem Jugendfreund aus einem sozialdemokratischen Elternhaus in den Wiking-Bund der Marinebrigade Ehrhardt ein. 1979 bestätigte mir einer der ehemaligen Führer des Wiking-Bundes im Raum Gießen, der zu keiner Zeit Nationalsozialist, aber seit 1934 während des Kirchenkampfes Mitglied und juristischer Berater des Bezirksbruderrates der Bekennenden Kirche in Oberhessen gewesen war: „Nationalsozialisten waren wir nicht. Wir waren in anderer Weise rechtsradikal. Die Reichsleitung der NSDAP hatte übrigens ihren Parteigenossen den Eintritt in den Wiking-Bund verboten."

Das rasche und ruhmlose Ende des Münchener NS-Aufstandes und das Verhalten von drei Freunden, die dem Einsatzbefehl nicht gefolgt waren, ernüchterten mich allerdings so sehr, daß ich mich vom Wiking-Bund und jeder politischen Betätigung zurückzog. Auch drängte das Studium. Ich studierte inzwischen im sechsten Semester und wollte im achten Semester das erste theologische Examen ablegen. 1925 und 1926 bestand ich termingerecht die beiden Prüfungen und trat mit meiner Ordination im Mai 1926 in den Pfarrdienst.
Wie fast alle Pfarrer hielt ich mich um der Gemeinde willen von öffentlicher parteipolitischer Betätigung zurück. Im Laufe der nächsten Jahre aber wurde immer deutlicher, daß die ständig wechselnden Koalitionsregierungen unser Volk nicht aus seiner parteipolitischen und sozialen Zerrissenheit herausführen konnten, um wirkungsvoll etwas gegen das Massenelend der 7 Millionen Arbeitslosen, das waren immerhin 30,8 Prozent der Arbeitnehmer, zu tun.
Die Auswirkungen dieser Massenarbeitslosigkeit erlebte ich in meiner ersten Gemeinde, einer Vorortarbeitergemeinde von viertau-

send Seelen. Nachdem sie ihre Kirchensteuerbescheide erhalten hatten, standen die Arbeitslosen in Doppelreihen an mehreren Tagen vom Arbeitszimmer durch den Hausflur über den großen Pfarrhof bis auf die Straße. Die meist geringen Beiträge von zwei bis drei RM pro Jahr wurden ihnen erlassen, obwohl die finanzielle Lage der Kirche katastrophal war. Damals lebten Millionen wirklich in Not und Elend. Hitler versprach nun, eine neue Volksgemeinschaft der Arbeiter „der Stirn und der Faust" zu schaffen, das Land aus dem Elend des verlorenen Krieges, der Demütigung durch den Versailler Vertrag herauszuführen, den Hungernden und Frierenden zu helfen. Als seine ureigenen Wertvorstellungen gab er aus, was uns als jugendliche Idealisten erfüllt hatte: Schlichtheit und Sauberkeit des Lebens, Dienst- und Opferbereitschaft für unser Volk. Weil es gerade hier besonders schlimm aussah, setzte ich mit Millionen von Deutschen aus allen Ständen und Parteien in gutem Glauben meine Hoffnung auf diese politische Bewegung. Das politische und soziale Schicksal meines Volkes konnte mir schließlich nicht gleichgültig sein.

Besonders angetan hatte es uns § 24 des Programms der Nationalsozialistischen Deutschen Arbeiterpartei (NSDAP). Darin erklärte sie, auf dem Boden des „Positiven Christentums" zu stehen. Für uns Christen bedeutete dieses Versprechen, daß im Dritten Reich der christliche Glaube die Freiheit und Unterstützung erfahren sollte, die ihm nicht nur von den Kommunisten allein verwehrt wurden. Bedenken, daß der Nationalsozialismus unter „Positivem Christentum" nicht das Christentum auf dem Grunde des Evangeliums von Jesus Christus verstehen könnte, sondern ein „deutsches, artgemäßes Christentum", zerstreuten die Propagandisten der Partei. Auch Rosenbergs „Mythus des 20. Jahrhunderts" war – wie die Partei erklärte – für sie überhaupt nicht verbindlich.

Ich selber sprach 1932 mit Rosenberg nach einer großen Versammlung in Gießen, wo er über Blut und Boden, Rasse und „Ewiges Deutschland" referiert hatte. Bei einem zufälligen, anschließenden Zusammentreffen in kleinem Kreis versuchte ich ihm klarzumachen, daß er es mit seiner NS-Weltanschauung allen Christen und erst recht mir, einem Pfarrer, geradezu unmöglich mache, Nationalsozialist zu sein. Nach einer scharfen Auseinandersetzung, bei der mich befreundete Studenten unterstützten, blieb Rosenberg bei seiner Ausrede, seine Lehre habe nichts mit dem NS-Programm zu tun, es handele sich nur um seine persönliche Meinung. Tatsächlich übertrug Hitler erst Anfang 1934, also über ein Jahr nach der

Machtübernahme, Rosenberg die gesamte weltanschauliche Ausrichtung, Schulung und Erziehung der Partei. Erst damit ließ er seine „christliche Maske" fallen.[1]
Vor der Machtübernahme ließ die Partei bei vielen Veranstaltungen, besonders auf dem Lande, „Feldgottesdienste" feiern. Regelmäßig fanden diese Gottesdienste in der Burg mitten in meiner Gemeinde Münzenberg statt. Durchaus glaubwürdig hörte man außerdem, Hitler lese täglich die „Losungen der Herrnhuter Brüdergemeine" und habe ein Bild Martin Luthers auf seinem Schreibtisch stehen. Das erfüllte viele, anfangs noch Zögernde in unseren Kirchengemeinden mit Hoffnung und Vertrauen.
Am 1. Juli 1930 wurde ich Mitglied der NSDAP, denn als Parteimitglied durfte ich die Feldgottesdienste der Partei in der Burg abhalten. Weil ein Freund es mir geraten hatte, ließ ich mich als Gaumitglied registrieren. So wurde mein Dienst in den Gemeinden durch meine Parteizugehörigkeit nicht berührt. Als Mitglied der Ortsgruppe Münzenberg hätte ich nämlich öffentlich in der Partei mitarbeiten müssen, und damit wäre ich in eine Konfliktsituation zu meinem Pfarrdienst geraten. Nach der Machtübernahme 1933 wurde ich dann zur Ortsgruppe „überschrieben".
Danach trat ich in die SA-Reserve ein: erhoffte ich mir dadurch doch einen besseren Kontakt mit den gleichaltrigen Männern meiner Gemeinden. Nach einer Ansprache bei einem SA-Treffen in Münzenberg verbot mir aber der auswärtige, kirchenfeindliche Sturmbannführer schriftlich weitere Reden. Ich hatte einige kritische Bemerkungen gemacht.
Die Absicht, als Mitglied in Partei und SA-Reserve bessere Gelegenheiten zur Verkündigung des Evangeliums zu bekommen, scheiterte nach anfänglichen Erfolgen. Die Weltanschauung des Nationalsozialismus führte sehr schnell und unausweichlich zum Kampf gegen die Kirche. 1935 wurde ich aus der SA-Reserve und 1938 aus der NSDAP ausgeschlossen.
Bereits 1933 kam es zwischen dem Stützpunktleiter und mir zum ersten Zusammenstoß. Er hatte im Auftrag der Partei verlangt, daß der neue Kirchenvorstand zu 70 Prozent aus Parteigenossen oder „Deutschen Christen" (DC) bestehen müsse. Ich dagegen sah in den „Deutschen Christen" Irrlehrer, die überhaupt nicht in Frage kamen. Auch bei den Parteigenossen war für mich allein ihr Verhältnis zur Evangelischen Kirche bei einer Berufung in den Kirchenvorstand maßgebend. Das setzten wir durch. 1934 schlossen sich alle diese Kirchenvorsteher der Bekennenden Kirche an.

Anfang 1934 war auch in der Evangelischen Landeskirche Nassau-Hessen (Darmstadt–Wiesbaden–Frankfurt/Main) mit Hilfe staatlicher Gewalt ein NS-Kirchenregiment an die Macht gekommen. Bewährte Persönlichkeiten hatte man gezwungen, ihre Positionen in der Kirchenleitung aufzugeben. Auf ihre Stellen kamen jetzt Nationalsozialisten, um die Kirche „gleichzuschalten". Als „altem Parteigenossen" wurde auch mir mehrmals die Führung eines Dekanates angeboten. Ich lehnte ab, weil diese Angebote von kirchlich unannehmbaren Voraussetzungen ausgingen. Meine Berufung in die Kirchensynode nahm ich an. So hoffte ich, drohendem Unheil in der Kirche besser entgegentreten zu können.

Am 26. August 1934 schrieb ich ausdrücklich als „Nicht-Deutscher-Christ, Noch-Nationalsozialist, aber Noch-Nicht-Bekennender Pfarrer" einem Freund: „Noch ein Wort zu Ihrem Hinweis auf meine Zurückhaltung (gemeint ist der noch nicht vollzogene Eintritt in die Bekennende Kirche), aus der ich nun endlich herausgehen möchte. Aus der Zurückhaltung bin ich doch schon oft genug herausgegangen. Kein Zusammentreffen mit verantwortlichen Kirchenmännern geht vorüber, ohne daß ich diesen in den Ohren liege, sie bitte und mahne… In den Vorbesprechungen zu jeder Synode oder bei (Oberlandeskirchenrat) Olff (dem späteren Verbindungsmann des NS-Kirchenregimentes zur Geheimen Staatspolizei), (Propst) Colin und (Landesbischof Lic. Dr.) Dietrich tat ich meinen Mund auf: Wahrung des Bekenntnisstandes (der Gemeinden), Lehrplan für (den Religionsunterricht an den) höheren Schulen, Altes Testament, Horst-Wessel-Lied am Schluß der Synoden, Haltung dem (NS-)Staat gegenüber, Besetzung von Dekanstellen, Verhütung einiger… Absetzungen oder Einsetzungen total Unbrauchbarer."

Ab Spätsommer 1934 verzichtete die Partei auf meinen Pfarrdienst, weil meine Predigten schriftgebunden waren und ich die antichristlichen Tendenzen in Kirche und Staat nicht unwidersprochen hinnahm. Dagegen sprach ich auf Bitten eines Freundes in einer Parteiversammlung in Butzbach. In meiner Rede wandte ich mich aus Glaubens- und auch aus politischen Gründen gegen den Vorredner, wofür ich wiederholt Beifall aus der Versammlung erhielt. In den anschließenden, langen Auseinandersetzungen mit diesem Redner stand ich nicht allein.

Um die gleiche Zeit folgte ich der Bitte des Schulungsbeauftragten und sprach auf einer Parteiversammlung der Ortsgruppe in Nieder-Weisel. Dieser Mann schrieb mir 1946: „Da ich selbst wegen der Versehung des Organistenamtes bei der Evangelischen Kirchengemeinde einen schweren Konflikt mit der Partei hinter mir hatte, lag es mir am Herzen, einen Mann hier sprechen zu lassen, von dem ich wußte, daß er den Mut aufbrachte, wenn nötig auch einmal gegen die Partei Stellung zu nehmen. Ein solcher Mann war Pfarrer Lenz. Es ist mir heute noch sehr deutlich bewußt, daß Pfarrer Lenz in seinen damaligen Ausführungen sehr scharfe Wendungen gegen die Partei gebraucht hatte, und es erschien wirklich verwunderlich, daß eine Anzeige bei der Kreisleitung nicht erfolgte."

1936 trug ich bei einer Veranstaltung meiner studentischen Korporation eine Persiflage des Märchens vom Wolf und Rotkäppchen vor, die in sehr aggressiver Form die Zustände des Dritten Reiches aufs Korn nahm. Mein Vortrag trug mir viel Beifall, aber auch den empörten Widerspruch von Parteigenossen ein; sogar Freundschaften zerbrachen darüber.

Die Parteigenossen unter den Bundesbrüdern setzten es damals durch, daß ich den 2. Vorsitz im Alt-Herren-Bund niederlegen mußte, weil meine „Hetzrede" die Existenz der Verbindung gefährdet hatte. Nachdem später die Korporationen in NS-Kameradschaften überführt worden waren, traten neben vielen anderen auch mein Vater und ich aus.

2. Im Kirchenkampf

Am 20. Oktober 1934 proklamierte die Bekenntnissynode der Deutschen Evangelischen Kirche in Berlin-Dahlem das kirchliche Notrecht gegen Irrlehre und Gewalt, die sich in der Kirche ausgebreitet hatten. Die Dahlemer Botschaft schließt mit den Worten: „Wir fordern die christlichen Gemeinden, ihre Pfarrer und Ältesten auf, von der bisherigen Reichskirchenregierung und ihren Behörden keine Weisungen entgegenzunehmen und sich von der Zusammenarbeit mit denen zurückzuziehen, die diesem Kirchenregiment weiterhin gehorsam sein wollen. Wir fordern sie auf, sich an die Anordnungen der Bekenntnissynode der Deutschen Evangelischen Kirche und der von ihr anerkannten Organe zu halten."
Jetzt kam es auch bei uns in Hessen zu einem großen Aufbruch Hunderter von Gemeinden und Pfarrern.
Die beiden auswärtigen Lehrer, die mir den Aufruf brachten, überwanden meine letzten Bedenken. Ich schloß mich der Bekennenden Kirche an und versprach, die Botschaft in meinen beiden Gemeinden zu verlesen. Um meine Gemeinden für diese Entscheidung vorzubereiten, besuchte ich zahlreiche aktive Gemeindeglieder und sprach mit den Kirchenvorständen, dem Frauenverein, konfirmierten Jugendlichen und sogar mit den Konfirmanden. Nur ein angesehenes Gemeindeglied gab mir eine Absage und meinte: „Sie stören das Aufbauwerk des Führers!"
Beide Gemeinden gerieten in eine große Bewegung und Erregung, so daß hier die Arbeit der NS-Partei, besonders der Hitler-Jugend, fast völlig zum Erliegen kam. Das warfen mir Kreisleiter Seipel und Gauredner Woweries im August 1935 vor dreitausend auswärtigen, auf dem Marktplatz in Münzenberg gegen mich aufgebotenen Nationalsozialisten vor.
Nach den genannten Vorbereitungen versammelten sich meine beiden Gemeinden in überfüllten Abendgottesdiensten am Reformationstag, dem 31. Oktober, unter dem Wort des Propheten Jesaja 50,5: „Der Herr hat mir das Ohr geöffnet, und ich bin nicht ungehorsam und gehe nicht zurück." Ich schloß die Predigt mit dem Lutherwort: „Wohlan, wir haben es auf den Mann, den Herrn Jesus Christus, Gottes Sohn, gewagt. Er wird uns gewißlich nicht lassen.

Wo er bleibt, da werden wir auch bleiben." Anschließend verlas ich trotz Verbot, Polizeiaufgebot und Haftandrohung die Dahlemer Botschaft. Als ich – an das Konfirmationsversprechen erinnernd – zu einem schriftlichen Versprechen aufforderte, unterschrieben 747 Gemeindeglieder am Altar und bekannten sich damit zur Bekennenden Kirche. Sogar zahlreiche Parteigenossen und Amtswalter schlossen sich an. Nur wenige verließen die Kirche ohne Unterschrift.

Die geplanten Verhaftungen fanden nicht statt. Der Reichsstatthalter von Hessen hatte telefonisch verfügt, niemanden zu verhaften, denn schon am Sonntag zuvor war von dreihundert Pfarrern in Hessen die Botschaft verlesen worden. Allerdings hatte man allein in Preußen über siebenhundert BK-Pfarrer verhaftet.

Ich schloß mich dem Pfarrer-Notbund unter Martin Niemöller an und unterschrieb folgende Verpflichtung:

„1. Ich verpflichte mich, mein Amt als Diener des Wortes auszurichten, allein in der Bindung an die Heilige Schrift und an die Bekenntnisse der Reformation als die rechte Auslegung der Heiligen Schrift.

2. Ich verpflichte mich, gegen alle Verletzungen solchen Bekenntnisstandes mit rückhaltlosem Einsatz zu protestieren.

3. In solcher Verpflichtung bezeuge ich, daß eine Verletzung des Bekenntnisstandes mit der Anwendung des Arierparagraphen im Raum der Kirche geschaffen ist."

Die beiden Kirchenvorstände beschlossen einstimmig, d. h. auch mit den Stimmen der „Parteigenossen", sich mit unseren Gemeinden der Bekennenden Kirche Nassau-Hessen anzuschließen und sich dem Landesbruderrat als Kirchenleitung zu unterstellen. Damit wurde zugleich dem NS-Kirchenregiment der Gehorsam verweigert.

Später ersetzte man die Listenunterschriften durch Mitgliedskarten, auf denen stand:

„Die Bekennende Kirche ist der Zusammenschluß aller derer, die die Heilige Schrift Alten und Neuen Testaments nach der Auslegung der reformatorischen Bekenntnisse als die alleinige Grundlage der Kirche und ihrer Verkündigung anerkennen.

Die Glieder der Bekennenden Kirche sind durch das Evangelium aufgerufen.

Deshalb wollen sie sich zum Wort Gottes und zum Tisch des Herrn halten und ein christliches Leben führen. Sie wollen beten und ar-

beiten für eine Erneuerung der Kirche aus dem Wort und dem Geist Gottes. Sie wissen sich zu entschlossenem Kampf wider jede Verfälschung des Evangeliums und wider jede Anwendung von Gewalt und Gewissenszwang in der Kirche verpflichtet."
Mit der Unterschrift unter diese Erklärung stellten sich die Mitglieder der Bekennenden Kirche auf den Boden der Theologischen Erklärung von Barmen vom 31. Mai 1934. Worum es ihr ging, dürften die folgenden Sätze zeigen:
„2. Jesus Christus ist uns gemacht von Gott zur Weisheit und zur Gerechtigkeit und zur Heiligung und zur Erlösung (1. Kor. 1,30). Wie Jesus Christus Gottes Zuspruch der Vergebung aller unserer Sünden ist, so und mit gleichem Ernst ist er auch Gottes kräftiger Anspruch auf unser ganzes Leben; durch ihn widerfährt uns frohe Befreiung aus den gottlosen Bindungen dieser Welt zu freiem, dankbarem Dienst an seinen Geschöpfen.
Wir verwerfen die falsche Lehre, als gebe es Bereiche unseres Lebens, in denen wir nicht Jesus Christus, sondern anderen Herren zu eigen wären, Bereiche, in denen wir nicht der Rechtfertigung und Heiligung durch ihn bedürfen."
Und aus „3. Wir verwerfen die falsche Lehre, als dürfe die Kirche die Gestalt ihrer Botschaft und ihrer Ordnung ihrem Belieben oder dem Wechsel der jeweils herrschenden weltanschaulichen und politischen Überzeugung überlassen."

Der NS-Staat mußte diese Sätze als einen ausgesprochenen Affront gegen sich empfinden und dementsprechend reagieren. Als dann die Synode von Dahlem noch eine eigene, mit Jurisdiktionsgewalt ausgestattete Kirche proklamierte, wurden viele Pfarrer, Kirchenvorsteher und Gemeindeglieder verhaftet oder mit den unterschiedlichsten Schikanen unter Druck gesetzt.
Dennoch stieg die Mitgliederzahl in Münzenberg auf 93 Prozent und in Trais-Münzenberg auf 95 Prozent aller konfirmierten Gemeindeglieder. Damit waren wir wohl eine der stärksten BK-Gemeinden überhaupt. Zwar fielen in den kommenden Jahren manche wieder ab, aber der größte Teil blieb trotz jahrelanger Bedrängnisse und Verfolgungen treu. Sie opferten von Ende 1934 bis Anfang 1945 durch verbotene Kollekten, monatliche Familienbeiträge und Spenden insgesamt rund 100 000 RM für die Besoldung der über 150 Jungtheologen der Bekennenden Kirche Nassau-Hessen, die sich aus Gewissensgründen ohne Rücksicht auf ihre Zukunft dem Landesbruderrat und nicht dem NS-Kirchenregiment unterstellt

hatten. Wenn man diesen Betrag mit den früher aufgebrachten Opfern vergleicht und außerdem bedenkt, wie arm die Gemeinden damals in der Tat waren, dann kann man über diese Summe nur staunen.

Für den 2. November 1934 war die Nassau-Hessische Landessynode nach Darmstadt einberufen, auf der die Theologische Fakultät Gießen eine Erklärung abgeben wollte. Einen Tag zuvor baten mich Mitglieder des Oberhessischen Bruderrates, diese mehr grundsätzlich formulierte Kritik mit konkreten Beispielen aus dem Kirchenkampf zu ergänzen. Das umfangreiche Material erhielt ich erst am Vorabend der Synode in später Stunde. Weil ich mich erst wenige Tage zuvor der Bekennenden Kirche angeschlossen hatte, waren mir die mitgeteilten Vorgänge außerdem zum größten Teil nicht bekannt.

Nach der Rede des Angehörigen der Theologischen Fakultät, die schon Unruhe ausgelöst hatte, wurde auf Antrag des Landesbischofs die Öffentlichkeit ausgeschlossen und die Tribüne geräumt, und zwar gegen unsere beiden Stimmen. In meiner Rede warf ich dem Landesbischof und allen Verantwortlichen vor, die Kirche durch Irrlehre, Rechtsbrüche und Anwendung von Gewalt zerstört zu haben. Dabei nannte ich im einzelnen, z. T. aber auch zusammenfassend, wo überall Geldstrafen, Disziplinarverfahren, Suspendierungen, Predigtverbote, Strafversetzungen, Absetzungen von Pfarrern und Entmündigung der Gemeinden vorgekommen waren.

Man versuchte, mich durch ständige diffamierende Zwischenrufe – ein oberhessischer Kreisleiter tat sich dabei besonders hervor – und tumultartige Unruhe am Sprechen zu hindern. Hohngelächter antwortete mir, als ich berichtete, daß sich gerade in Oberhessen Hunderte von Gemeinden der Bekenntnisbewegung angeschlossen hätten.

Nach dieser harten, beinahe unerträglichen Auseinandersetzung verließ ich mit dem Fakultätsvertreter die Synode. Hier wurde dann noch ein Treuebekenntnis zum Landesbischof abgelegt, die Verlesung der Dahlemer Botschaft verurteilt und abschließend festgestellt: „Da das deutsche Volk in einem erbitterten Daseinskampf steht, ist es ein frevelhaftes Beginnen, einen neuen Keil in unser Volk zu treiben."

Übrigens hat man es elf Jahre lang bis zum Zusammenbruch des NS-Regimes nicht gewagt, eine solche „Synode" noch einmal einzuberufen. Wie ich von meinem Jugendfreund Wilhelm Haug, dem Gauamtsleiter der Nationalsozialistischen Volkswohlfahrt, später erfuhr, hat der Landesbischof am 5. November 1934 bei einer Unterredung mit dem Reichsstatthalter in Gegenwart hoher Parteifunktionäre über die Synode und auch über meine Rede berichtet. Der Reichsstatthalter war „maßlos empört". Aber ich selbst blieb vollkommen unbehelligt. Vermutlich hatten die „Aufstände" in Bayern und Württemberg und die sich in weiten Teilen unserer Landeskirche immer stärker ausweitende Bekenntnisbewegung die Machthaber verunsichert.

Nach dem Aufruf von Dahlem haben auch in unserem Kirchengebiet viele Pfarrer und unerschrockene Gemeindeglieder monatelang in stark besuchten, von Polizei und Partei überwachten Versammlungen die Gemeinden zum Bekennen aufgerufen. 40 Prozent der über tausend Pfarrer unserer Landeskirche schlossen sich damals, oft mit ihren Gemeinden, der Bekennenden Kirche an. Etwa 50 Prozent der Pfarrer gehörten zur Gruppe der „Neutralen", d. h. weder zur Bekennenden Kirche noch zu den „Deutschen Christen". Diese Gruppe leitete der Führer der hessischen Liberalen. Nur 10 Prozent waren aktive Anhänger des Landesbischofs, hinter dem aber die Macht des NS-Staates stand. Auch unabhängig von der Position ihrer Pfarrer entstanden in zahlreichen Gemeinden lebendige Bekenntnisgruppen.
Wegen der ungünstigen Verkehrsverhältnisse Münzenbergs kaufte ich mir damals einen gebrauchten Kleinwagen. Das ist insofern bemerkenswert, als in den acht Dekanaten Oberhessens aus finanziellen Gründen nur vier BK-Pfarrer ein Auto und vier ein Motorrad besaßen. Aber nur so konnte ich mich über meine Gemeinden hinaus in den Kirchenkampf einschalten und besonders in meiner Provinz Oberhessen viele Gemeinden vor die Entscheidung stellen.
Am 3. Dezember 1934 schrieb ich an drei Kollegen: „Leider muß ich Ihnen eine Absage geben. Ich kann unmöglich alles allein machen. Obwohl ich jede Woche 3–4mal... Aufklärungsversammlungen, Bekenntnisgottesdienste... Sitzungen und Besprechungen im Lande hin und her halte, werden die Aufträge nicht weniger... Neulich hatte ich an einem Tag dreizehn, die ich fast alle weitergab... Am besten wäre es natürlich für unsere Sache, wenn Sie selbst aktiv eingriffen, uns entlasteten und unsere Angriffsfront... verstärkten. Prorsus! Salve!" (d. h. Vorwärts, Heil!, nicht „Heil Hitler!").

Zu meinen Aufgaben gehörte es, die Gemeinden Oberhessens, mitunter im ganzen Kirchengebiet Nassau-Hessens, über die Lage der Kirche im Dritten Reich regelmäßig durch Flugschriften zu informieren. Hergestellt wurden die meist verbotenen und darum anonymen Flugblätter in Teamarbeit von Pfarrern und Vikaren mit damals noch sehr primitiven Apparaten in abgelegenen Pfarrhäusern. Mit meinem Auto transportierte ich sie dann zu Pfarrversammlungen und in die Gemeinden. Immer und immer wieder beschlagnahmte man sie bei Versammlungen und Hausdurchsuchungen, kam es zu Anzeigen und Strafverfahren. Höhere Auflagen bis zu 40 000 Exemplaren wurden in aller Heimlichkeit von der Druckerei Ernst Boller in Langgöns hergestellt.

Dem für Oberhessen zuständigen Beamten der Geheimen Staatspolizei, Herrn Hedrich in Gießen, war das bekannt. Aber er griff nicht ein. Er war Christ, kein Parteigenosse, sogar Hitlerfeind, stand auf der Seite der Bekennenden Kirche, informierte uns öfter darüber, wenn Gottesdienste abgehört und überwacht werden sollten, schirmte Jungtheologen gegen die Partei ab und legte bei Verhören Wert auf klares Bekennen. Als man mich einmal vor die Gestapo geladen hatte, sagte er zu mir: „Alle Pfarrer, die noch nichts mit der Gestapo zu tun hatten, sind keine Pfarrer!"

Die Aussage in dieser Form war zweifellos überzogen, aber er wollte damit sagen: Ein Pfarrer, der es mit seinem Bekenntnis und Auftrag ernst meint, muß mit dem NS-Staat und seinen Polizeiorganen in Konflikt geraten. So ermahnte er auch mich nach meiner Verhaftung, bei dem Verhör festzubleiben. Seinen Berichten, in denen er vor möglichen Unruhen warnte, habe ich es letztlich zu verdanken, daß ich nicht in ein KZ eingeliefert wurde, obwohl Gestapo und Partei es mehrfach gefordert hatten. Später wurde ihm auf Drängen eines NS-Oberlandeskirchenrates die Bearbeitung der kirchlichen Angelegenheiten in Oberhessen entzogen. Bald darauf wurde er strafversetzt. Sein Nachfolger nahm keine Rücksicht mehr.

Eines Tages überraschten uns zwei Polizisten, als wir zu mehreren in einem kleinen Amtszimmer einer abgelegenen Pfarrei in primitivem „Fließbandverfahren" Matrizen mit illegalen Texten beschrieben, Blatt für Blatt mit einem Handroller bedruckten, Makulaturen auf den Boden warfen, Blätter nach Bestellisten abzählten, verpackten, adressierten, Pakete stapelten usw. Ich weiß nicht, wer mehr erschrocken war: Wir oder der alte, wohlwollende Wachtmeister, der seinen jungen Mitarbeiter am Eintreten hinderte, indem er sich breitbeinig in die offene Zimmertür stellte und sagte: „Ich komme, um das Schrifttum in dieser Gemeinde festzustellen." Ich trat vor ihn: „Das ist schnell erledigt, Herr Wachtmeister. Sehen Sie, hier neben mir hat der Gemeindepfarrer eine Auslage des Schrifttums dieser Gemeinde." Und dann las ich vor, und er schrieb eifrig nach: Das „Darmstädter Sonntagsblatt", das „Kasseler Sonntagsblatt", Kindergottesdienstblätter usw. Ohne noch einen Blick in das übervolle Zimmer zu werfen, zog er mit seinem mißtrauischen Gesellen ab und – so schnell wie nur möglich – wir ebenfalls mit dem gesamten Material und Gerät. In einer anderen, abseits gelegenen Pfarrei setzten wir die Arbeit fort.

Außer der Information der Gemeinden hatte ich auch den organisatorischen Aufbau der BK in Oberhessen übernommen. Eingeschriebene Mitglieder in Oberhessen gab es etwa 30 000. Die Zahl der Anhänger aber war sehr viel größer. Nicht ohne Grund warnte also der Gauleiter bei einem Amtswalterappell vor der BK in Oberhessen, weil sie „riesenstark" wäre. Bei dieser Gelegenheit erklärte man mich zum „Staatsfeind Nr. 1 in Oberhessen" und meinen Freund, Pfarrer Zipp, zum „Staatsfeind Nr. 2". Das wirkte wie ein Schock auf mich.

Jede Form des Bekennens gegen Irrlehre und Gewalt des NS-Kirchenregimentes wirkte sich, ob wir das wollten oder nicht wollten, politisch aus. Nach einem großen Bekenntnisgottesdienst in Lauterbach sagte mir ein Freund, der national, aber niemals nationalsozialistisch dachte: „Mit jeder Rede, die du im Lande hältst, ziehst du einen Stein aus dem Gebäude des Nationalsozialismus. Daran habe ich meine Freude."

Pfarrer Weckerling aus Berlin-Spandau schrieb mir am 6. September 1946 in einem „Eidesstattlichen Zeugnis" für die „Spruchkammer zur Befreiung von Nationalsozialismus und Militarismus": „In allen kritischen Situationen, wenn einer von der Gestapo verhaftet wurde oder vor Gericht kam, war Pfarrer Lenz zur Stelle, half und stärkte die Gemeinden, organisierte (und führte) handfeste Bauernabordnungen, die bei dem Reichsstatthalter (und Gauleiter Sprenger sowie dem Präsidenten des Landeskirchenamtes Kipper) in Darmstadt vorstellig wurden, hielt äußerst klare Predigten und Vorträge über die kirchliche Lage und beteiligte sich an illegaler Pressetätigkeit.

Als ich mit allen jüngeren BK-Pfarrern (über hundert Jungtheologen der Bekennenden Kirche Nassau-Hessen) am 21. Dezember 1938 aus Hessen durch die Gestapo ausgewiesen wurde, war Lenz

als einziges Mitglied des Landesbruderrates der Meinung, daß wir in den Gemeinden bleiben müßten und eine entsprechende Weisung von dem Landesbruderrat ergehen müßte. Er ermutigte mich auch, die Ausweisung wiederholt zu übertreten, und besuchte mich als einziger oberhessischer Pfarrer, als ich im Gießener Gefängnis saß. Nach der Verhandlung vor dem Darmstädter Sondergericht (das in Gießen tagte) stand ich unter der doppelten Anklage: Zersetzung der Wehrkraft und Übertretung der Ausweisung. Ich wurde vom Gericht entlassen, weil meine Strafe durch die lange Untersuchungshaft als abgebüßt galt, aber noch im Gerichtssaal neu von der Gestapo verhaftet. Dagegen protestierte Pfarrer Lenz so laut und energisch, daß er knapp um seine eigene Verhaftung (durch den Gestapobeamten Schneider) herumkam.
Einige Wochen später bekam ich ‚Rede- und Betätigungsverbot für das gesamte Reichsgebiet' durch das ‚Reichssicherheitshauptamt in Berlin' und wurde danach eingezogen (wie fast alle Jungtheologen der Bekennenden Kirche). Ich blieb mit Lenz in ständiger Verbindung und erfuhr von seinem mannhaften Eintreten für die KZ-Häftlinge und von seinen Auseinandersetzungen mit SS-Offizieren. Dabei stand alle Post unter scharfer Kontrolle.
M. E. hat sich Pfarrer Lenz vor den meisten anderen als Antifaschist und entschiedener BK-Pfarrer betätigt, und es ist für mich ein unvorstellbarer Gedanke, daß ausgerechnet er (durch die Entnazifizierung) vom Neubau der Kirche und eines demokratischen Deutschlands ausgeschlossen sein sollte."[1]

Wegen meiner Predigten und Lageberichte, weil ich alle, auch die verbotenen Kanzelerklärungen der Bekennenden Kirche verlas, weil ich – ungeachtet des Verbots – Sonntag für Sonntag die Namen der Brüder in die Fürbitte einschloß, die wegen ihres Glaubens in Haft waren, weil ich verbotene Kollekten einsammeln ließ, um die kärgliche Besoldung der illegalen Jungtheologen der Bekennenden Kirche aufzubessern, kam es in Münzenberg zu besonders harten Auseinandersetzungen zwischen der örtlichen NS-Parteileitung und mir. Ich weiß nicht mehr genau, wieviele Maßnahmen man in diesem Zusammenhang gegen mich verfügte; etwa dreißig dieser Schikanen kann ich durch meine Unterlagen belegen.
Keine einzige ging von Trais-Münzenberg aus. Dort stand die Parteileitung aktiv auf der Seite der Bekennenden Kirche oder verhielt sich loyal. Der Ortsgruppenleiter, ein alter Parteigenosse, legte vor seinem Kreisleiter sein Amt nieder, und das – wie er ausdrücklich

betonte – aus Glaubensgründen. Während der Organist von Münzenberg seinen Organistendienst aufgab, weil die Partei das von ihm als Staatsbeamtem verlangte, weigerte sich der Organist in Trais-Münzenberg, dieser Forderung des Kreisleiters nachzugeben. Auch er war Staatsbeamter, aber kein Nationalsozialist und hatte als Bruder des Leibarztes Hitlers schon eine gewisse Absicherung.
Um einen Einblick in die Lage der Bekennenden Kirche, ihrer Gemeinden, Pfarrer und Pfarrfamilien zu geben, möchte ich hier stellvertretend für sie alle einmal aufzählen, in welcher Weise man mich damals bedrängte und unter Druck setzte. Die Maßnahmen der NS-Partei (Ortsgruppe, Kreisleitung, Gauleitung, Kreis- und Gaugericht), des NS-Staates (Bürgermeister, Polizei, Geheime Staatspolizei, Staatsanwalt, Amtsgericht, Landgericht und Sondergericht) und des NS-Kirchenregimentes brachten mir neben dem Ausschluß aus der SA-Reserve und der NSDAP Bespitzelungen, Besuche der Gestapo, Anzeigen, Vernehmungen, Hausdurchsuchungen, Partei-, Sonder- und ordentliche Gerichtsverfahren, Beschlagnahme von Kollekten und Naturalspenden, meines neuen Pkw, meines Vervielfältigungsapparates und meiner Schreibmaschine ein, dann Verhaftung, Verleumdungen, Feindschaften, Bedrohung, Mißhandlung, Massenaufmärsche, Gottesdienststörungen, Gehaltssperre, Geldstrafen, Briefzensur, den Verlust vieler Freunde. Nicht zu reden von den wirtschaftlichen Schäden, die meine Familie während des Krieges zu ertragen hatte, von meiner vorzeitigen Einziehung zum Kriegsdienst und dann – als Höhepunkt – von meiner Abkommandierung zur Totenkopf-SS am SS-Arbeitslager Hersbruck.

Die Verluste von Freunden während des Kirchenkampfes haben meine Frau und ich als besonders schmerzlich empfunden. Einer meiner beiden Jugendfreunde trat als Gauamtsleiter der NS-Volkswohlfahrt nach einer heftigen Auseinandersetzung mit mir sogar aus der Kirche aus. Der andere Jugendfreund, der im Grunde kein Nationalsozialist war, aber als Justitiar in der Gauamtsleitung Rücksichten nehmen mußte, durfte sich von mir nicht kirchlich trauen lassen. Die Forderung, aus der Kirche auszutreten, quittierte er dann später mit der Kündigung seiner guten Position. Freundschaft und Patenschaft für unseren zweiten Sohn bestanden weiter. Die beste Jugendfreundin meiner Frau und Patin unserer Tochter trat aus der Kirche aus, weil sie „an den Führer glaubte", dem sie „bei einer Begrüßung in die Augen gesehen hatte".
Solche schmerzlichen Verluste wurden freilich durch die Verbun-

denheit mit vielen bekennenden Pfarrern und meinen beiden Gemeinden wieder ausgeglichen. Auch in Hersbruck blieb ich nicht allein. Die Freundschaft von Kameraden und mehrerer Häftlinge, die Verbundenheit mit der Bekennenden Gemeinde und einigen Familien in Hersbruck sowie die Fürbitte meiner Familie und von Angehörigen meiner eigenen Gemeinden trugen mich in dieser schweren Zeit.

Schon nach meiner ersten „Bekenntnispredigt", mit der ich ab Ende Oktober 1934 meine und andere Gemeinden zum Bekennen gegen Irrlehre und Gewalt aufgerufen hatte, wurde ich zum ersten Mal angezeigt. In der Anklageschrift, die mir erst nach meiner Vernehmung am 12. Dezember 1934 zugestellt wurde, hieß es unter anderem:
„1. Sie sollen am Reformationsfest in der Kirche zu Münzenberg in einer Predigt den Reichsbischof Müller beleidigt und beschimpft haben... Die Deutschen Christen seien Wölfe im Schafskleid und der Reichsbischof sei derselbe Wolf.
2. Bei derselben Gelegenheit sollen Sie den Pg Reichsleiter Rosenberg angegriffen haben...
4. Bei einer anderen Gelegenheit sollen Sie die neue Kirchenfahne, die das Kreuz in Verbindung mit dem Hakenkreuz bringt, beanstandet haben. Sie sollen dabei gesagt haben, es fehle nur noch, daß man Christus ebenfalls ein Parteiabzeichen anstecken würde..."
Tatsächlich hatte ich in dieser Predigt aufgrund des Textes Matth. 7: „Sehet euch vor vor den falschen Propheten, die in Schafskleidern zu euch kommen, inwendig aber sind sie reißende Wölfe", vor der Irrlehre der DC, der Gewaltherrschaft des Reichsbischofs und auch vor der NS-Weltanschauung Rosenbergs gewarnt.
Gegen alle Anklagepunkte berief ich mich auf meine Ordination. Damals hatte ich vor dem Angesicht Gottes und der Gemeinde gelobt, als ordinierter Diener am Wort die Botschaft von der Offenbarung Gottes in Jesus Christus rein und unverfälscht der Gemeinde Gottes zu verkündigen und mich hiervon durch keine Furcht und Gefahr abwenden oder abschrecken zu lassen. Außerdem verteidigte ich mich mit einem Zitat aus Hitlers: „Mein Kampf", in dem es hieß: „Dem politischen Führer haben religiöse Lehren und Einrichtungen seines Volkes immer unantastbar zu sein, sonst darf er nicht Politiker sein, sondern soll Reformator werden, wenn er das Zeug hierzu besitzt! Eine andere Haltung würde vor allem in Deutschland zu einer Katastrophe führen." Anknüpfend an dieses

Zitat argumentierte ich etwa folgendermaßen: Wenn die Partei in die Angelegenheiten der Kirche eingreift, sind wir als verordnete Diener der Kirche verpflichtet, dagegen zur Warnung der Partei und Stärkung der Gemeinde Zeugnis abzulegen.
Aus Furcht „vor einer Beunruhigung der Bevölkerung" zögerte das Parteigericht, mich aus der Partei auszuschließen. Ich konnte also am 19. Dezember 1934 an einen BK-Pfarrer schreiben: „Vor dem NS-Gericht habe ich 100%ig gewonnen. Es wird niedergeschlagen werden. Über den Kirchenkampf wurde nicht zu Gericht gesessen. Jedoch konnte ich ein deutliches Zeugnis ablegen... Es stand nur zur Entscheidung, ob ich in meinen Ausführungen... (in Münzenberg und Gambach) gegen die Parteidisziplin verstoßen hätte. Scharf wies ich zurück, daß der Reichsbischof und seine Genossen für mich als Parteigenossen unantastbar seien... Aber über kurz oder lang wird mich der Kirchenkampf doch den Parteikragen kosten!"
Die aufgegebene schriftliche Stellungnahme zur Anklageschrift wurde mir erlassen und das Verfahren im Einvernehmen mit dem Vorsitzenden des NS-Gaugerichtes Hessen-Nassau niedergeschlagen.
Nach einer dritten Anzeige wurde ich am 23. Juli 1935 im Auftrag der Gauleitung zum zweiten Mal vor die Kreisleitung geladen. Bei der fast zweistündigen Verhandlung mit dem Gebietsinspektor Deutschland-West, dem Kreisleiter und dem Stützpunktleiter von Münzenberg habe ich „siegreich abgeschnitten". Es handelte sich um den Losvertrieb eines jüdischen Kaufmanns in Münzenberg, bei dem ich wohl ein Los gekauft hatte. Damit hatte ich gegen die „Parteidisziplin" verstoßen.
Am 1. Juli 1935 sperrte mir der Landesbischof wegen Gehorsamsverweigerung bis auf weiteres das Gehalt. Es betrug in meinem zehnten Dienstjahr einschließlich zwei Kinderzuschlägen 377 RM netto. Dank der spontanen Hilfsbereitschaft der beiden Gemeinden litten wir aber mit unseren Kindern in dieser gehaltlosen Zeit keine Not. Später übernahm der Pfarrer-Notbund die Gehaltszahlung. Ich unterwarf mich dem Landesbischof nicht und blieb so fünf Monate bis zur Wiedergutmachung durch den Landeskirchenausschuß ohne Gehaltszahlung.
Während dieser Zeit unterstützte mich der Landesbruderrat durch illegale Vikare, die mich in halbjährigem Wechsel im Gemeindedienst entlasten sollten, weil mir innerhalb der Bekennenden Kirche mehr und mehr auswärtige Aufgaben aufgetragen wurden. Diese

„Jungtheologen" der Bekennenden Kirche haben in meinen Gemeinden unter mancher Bedrängnis und Anfechtung vorbildlich gearbeitet; sie haben auch meinen Weg mitgeprägt, ihn zum Teil erst ermöglicht.

Am 18. August 1935 holte der Landesbischof zum entscheidenden Schlag gegen mich aus, und das in meiner Gemeinde Münzenberg. Durch einen „Bischofstag", der unter größter Geheimhaltung vorbereitet wurde, wollte er die Bekennenden Gemeinden Münzenberg und Trais-Münzenberg zusammen mit ihrem Pfarrer vernichten. Aber die entschlossene Abwehr einer sehr großen Gemeinde machte diese Absicht der Nationalsozialisten und „Deutschen Christen" zunichte. Aus der ganzen Wetterau hatte sich diese Gemeinde innerhalb weniger Tage formiert, nachdem wir mit 7000 Flugblättern zum Widerstand gegen den Bischofstag aufgerufen hatten.

Diese Vorgänge sind damals weit über Hessen hinaus in ganz Deutschland bekanntgeworden. Hier davon nur soviel: Ein Gottesdienst am Freitag abend vor dem Bischofstag, in dem ich die Gemeinde auf diese Veranstaltung vorbereiten wollte, wurde durch Studentinnen der in Münzenberg stationierten Reichsführerinnenschule des NS-Studentenbundes demonstrativ gestört. Die folgende Schilderung der Ereignisse entnehme ich einem Bericht an den Landesbruderrat vom 17. August 1935. Darin heißt es:

„In den vordersten Bänken... saßen... unter den Gemeindegliedern zerstreut etwa 15 Mädchen im Alter von 20–22 Jahren und 2 junge Männer, die fast alle eine ostentative... Haltung einnahmen (ungebührliches Sitzen auf den Bänken, wiederholtes provozierendes Umdrehen zur Gemeinde hin, Sitzenbleiben während Schriftlesung und Gebet, dauerndes Sprechen usw.). Während der Predigt (die Pfarrer Wintermann, Darmstadt, im Auftrag des Landesbruderrates hielt) verließen diese Mädchen in Abständen von einigen Minuten einzeln, z. T. mit lautem Hitler-Gruß (vom Altarraum zur Gemeinde hin) demonstrativ und die Andacht störend den Gottesdienst. Nachdem dieses etwa sechsmal geschehen war, unterbrach der Prediger seine Predigt: ‚Betrachtet euch diese jungen Mädchen... Sie... scheinen ausgemacht zu haben, den Gottesdienst zu stören. Diese Leute wollen die Trägerinnen des Staates sein.'

Den Unmut der Gemeinde über das unglaubliche Verhalten der Störer... wies Pfr. Wintermann sofort als nicht hierher gehörend ab. Der Ortsgeistliche richtete darauf... folgende Worte an die Ge-

meinde: ‚Ich stelle fest, daß diese Leute sämtlich nicht Glieder unserer Gemeinde sind. Wer nicht aus Ehrfurcht vor dem Worte Gottes hierhergekommen ist, verlasse das Gotteshaus. Wir sind evangelische Männer und Frauen und keine Buben und Kindsköpfe. Ich werde... wegen Störung des Gottesdienstes Anzeige erstatten.'
Nachträglich hörte ich, daß der Reichsschulungsreferent des NS-Studentenbundes Sch. von Bauern, die wegen Drescharbeiten nicht am Gottesdienst teilnehmen konnten, aber nun vor die Kirche geeilt waren, hart herangenommen worden wäre. Als er sich als Geheimpolizist (Gestapo) ausgab und keine Ausweispapiere vorzeigen konnte, wurde er von einem Bauern an der Kehle gepackt und heftig bedroht. Im Ort... wurden... durchkommende Mädchen der Reichsführerinnenschule heute von der Jugend mit Pfui-Rufen, von den Erwachsenen mit Verachtung gestraft.
Das Ergebnis des Abends: Die Gemeinde steht nun erst recht fest und wartet der Dinge am Sonntag mit... Festigkeit und verhaltener Wut. Wir bitten nochmals, den Sonntag unter allen Umständen ganz ernst zu nehmen. Das Ergebnis wird Fanal für die kommende Zeit sein."
An diesem Sonntag dann fand parallel zum Gottesdienst des Landesbischofs auf der Burg ein Gottesdienst der Bekennenden Gemeinden in der Kirche statt. Während sich in der Burg nach unserer Zählung 820 ortsfremde Anhänger des Landesbischofs und der Partei versammelt hatten, drängten sich zum Gottesdienst in und vor der Kirche 1560 Besucher.
Zu dieser Auszählung der Teilnehmer hatten wir uns entschlossen, weil wir einer möglichen Pressekampagne der Partei von vornherein den Wind aus den Segeln nehmen wollten.
Die beiden Gottesdienste der Bekennenden Kirche mit je zwei Predigten dauerten länger als der Gottesdienst des Landesbischofs; hofften wir doch, auf diese Weise Zusammenstößen vorbeugen zu können. Als die erste Predigt beendet war, zogen die anwesenden BK-Pfarrer und Kirchenvorsteher von der Kirche zu dem Saal, in dem die Nachversammlung des Landesbischofs stattfand. Normalerweise waren kirchliche Veranstaltungen in nichtkirchlichen Räumen lt. Verordnung des Reichsministers des Innern verboten und nur als geschlossene Versammlungen erlaubt. Dagegen hatte der Landesbischof für seine öffentlichen und für jedermann zugänglichen Veranstaltungen „die ausdrückliche Genehmigung der Staatspolizei und des Kreisamtes", wie er selbst bekanntgab.

Beim Betreten des überfüllten Saales kam es zu einem Tumult mit wüsten Beschimpfungen: „Staatsfeinde" usw. Ein Münzenberger Amtswalter schrie: „Hängt den Lenz auf! Hängt den Lenz auf!" Unser Versuch, auf die aggressive Rede des Landesbischofs zu antworten, ging in erneutem Tumult unter. Es kam sogar zu massiven Handgreiflichkeiten. So wurden zwei BK-Kirchenvorsteher aus Wölfersheim blutig geschlagen. Die inzwischen herbeigeeilten Münzenberger stiegen durch offene Fenster auf die Bühne und bedrängten den Landesbischof und die hinter ihm stehenden Pfarrer, ohne allerdings handgreiflich zu werden. Wir wurden aus dem Saal gedrängt, und die Polizei schloß die Versammlung.
Auf der Straße setzten sich die Auseinandersetzungen fort. Nur mit Mühe konnten wir Ausschreitungen verhindern. Versuche, einzelne Münzenberger festzunehmen, scheiterten am geschlossenen Widerstand der inzwischen aus der Kirche herbeigeströmten Massen. Später erfuhren wir, daß drei führende Mitglieder der Bekennenden Gemeinde Trais-Münzenberg den Landesbischof persönlich aufgefordert hatten, Münzenberg sofort zu verlassen. Schließlich räumten Partei und Kirchenführer das Feld.
An die Geheime Staatspolizei schrieb ich über diese Ereignisse: „Am Sonntagnachmittag (dem 18. August) brach der Landesbischof in eine fast hundertprozentig Bekennende Gemeinde ein. Noch nicht 20 Personen aus unseren beiden Gemeinden nahmen am ‚Bischofstag' teil, dagegen unkirchliche Massen, besonders aus zwei benachbarten früher... marxistischen Gemeinden."
Zwei Monate später bat mich Gendarmeriehauptwachtmeister Dienst aus Rockenberg in einem Handschreiben, ihm alle die Personen zu nennen, die bezeugen können, „daß Angehörige der Bekenntniskirche s. Z. im Saal von Trötsch (Münzenberg) gelegentlich einer Versammlung (des) Landesbischofs mißhandelt bzw. geschlagen wurden. Auf den Brief des Pfarrers Eitel (Wölfersheim, des Gemeindepfarrers der beiden Verletzten) an die Kreisleitung sollen Zeugen vernommen werden. Mit deutschem Gruß."
Das Dienstschreiben schloß – und das war bemerkenswert – nicht mit „Heil Hitler". Ich gab sechs Zeugen an. Keiner von ihnen wurde jemals vernommen.

Die Stimmung und Atmosphäre dieser Jahre spiegelt sich noch in einem anderen Ereignis sehr anschaulich wider. Am Dienstag, dem 20. August 1935, feierte Bürgermeister Wetz aus Münzenberg sein 25. Dienstjubiläum. Neben dem Gesangverein, dem Gemeinderat und der Partei war auch die Evangelische Mädchenschar von der Gemeinde gebeten worden, die Feier mitzugestalten und dort einige Choräle zu singen. Kurz vor der Feier teilte uns der Ortsdiener im Auftrag des Stützpunktleiters der NSDAP mit, daß die Mädchen nicht singen dürften, „weil konfessionelle Demonstrationen verboten seien". Nachdem ich das den empörten Mädchen gesagt hatte, ging ich zum Bürgermeister. Ich erklärte ihm, daß ich mich unter diesen Umständen auch weigern müsse, eine Ansprache im Auftrag des Kirchenvorstandes zu halten.

Am liebsten hätte der Bürgermeister die ganze Feier abgesagt. Um aber seine Einstellung zu dieser Entscheidung in der Öffentlichkeit zu demonstrieren, bat er mich in den engeren Kreis der Festteilnehmer in sein Haus und am offenen Fenster an seine Seite. Nach dem Ende der Fcier forderte die empörte Gemeinde den Gesang der Mädchen und sang dann mit den Mädchen vielhundertstimmig das Glaubenslied: „Lobe den Herren, o meine Seele..."

Es war ein gewaltiges Erlebnis, wie die in ihrem Glauben nun schon so oft angefochtene Gemeinde ein derart lebendiges Bekenntnis ablegte. Einer der wenigen Amtswalter, die der Bekennenden Gemeinde nur Haß entgegenbrachten, rief während des Liedes: „Pfui!" Jetzt geriet die Menge in hemmungslose Wut. Wie man mir berichtete, soll sie vier oder fünf Amtswalter in eine Ecke gedrängt haben, wo sie völlig hilflos und voller Angst stehenbleiben mußten. Aber die Gemeinde tat ihnen nichts. Auch auf provozierende Rufe eines SS-Mannes reagierte niemand. Noch lange stand die aufgeregt diskutierende Gemeinde in den Straßen. Erst nach Mitternacht gab es Ruhe.

In meinem Schreiben, das ich am 21. August an die Gestapo schickte, hieß es zu diesen Ereignissen: „...Wir erstatten in obenberichteter Sache Anzeige und bitten dringend, dafür sorgen zu wollen, daß unsere Gemeinde ungehindert ihres Glaubens leben kann." Das Schreiben schloß ohne den obligatorischen Hitlergruß. Auch auf diese Anzeige erfolgte nichts.

Am Mittwochabend veranstaltete die NSDAP eine „Großkundgebung" für die „gewonnene Einheit des deutschen Volkes und gegen Saboteure des deutschen Aufbaus sowie gegen die offenen und getarnten Gegner" auf dem Marktplatz in Münzenberg. Dreitausend SA-Männer und Parteigenossen waren aufmarschiert. Meine beiden Gemeinden blieben dieser Veranstaltung nahezu geschlossen fern.

Nach dem Bericht der Oberhessischen Tageszeitung vom 23. August 1935, der Regionalausgabe Friedberg und Bad Nauheim, erklärte Kreisleiter Seipel auf dieser Kundgebung u. a.: „Wenn es jemand wagen sollte, unter dem Deckmantel der Religion politische Ziele zu verfolgen, wird er schlimmer daran glauben müssen wie jeder andere... Wir wehren uns dagegen und, wenn es sein muß, mit radikalen Mitteln... Es hat schon von jeher in der Welt mehr Ketten als tolle Hunde gegeben."
Gaupresseamtsleiter Woweries folgte mit ähnlich starken Worten: „Wenn Schweinehunde am Werk sind, dann reden auch wir eine deutliche Sprache. Denn gerade hier in Münzenberg sind Sachen passiert, die alles andere, nur nicht nationalsozialistisch sind. Früher bestanden hier prächtige Abteilungen Hitler-Jugend und Jungvolk, und heute hat man uns diese Jugend bereits wieder zu entfremden versucht (lebhafte Pfuirufe)... Man treibt eine systematische Verhetzung von gewisser Seite, sammelt Unterschriften von Listen, verteilt Mitgliedsbücher in der Kirche, ein Beginn der Verhetzung, die nicht mehr weit vom Geist des religiösen Wahnsinns entfernt ist... Wenn der Landesbischof als Obrigkeit hierher kommt, dann hat er eben als Obrigkeit zu gelten. Begeben sich... Pfarrer in die Öffentlichkeit, um... interessant und bekannt zu werden, dann vergehen sie sich an dem ihnen von Gott zugewiesenen Amt. Bedauerlicherweise gibt es auch in diesen Reihen notorische Hetzer samt ihren charakterlosen Mitläufern. Sie sind vor allem in jenen Kreisen zu suchen, die ihren aufgespeicherten Haß gegen die Bewegung und die bestehenden Organisationen austoben wollen. Unser Programm jedoch liegt vor aller Welt klar und offen dar. Wir bekennen uns zu einem ‚Positiven Christentum', nicht im Sinne der Muckerei, sondern in der Achtung vor allem, was Menschenantlitz trägt... Wo es aber einer wagt, an dieser Grundlage nationalsozialistischer Grundhaltung zu rütteln, greift ein jeder von uns zur Selbsthilfe."
Woweries soll damals auch gesagt haben: „Dieser Saboteur wollte gerne Märtyrer werden, aber diesen Gefallen tun wir ihm nicht. Außerdem sind die Münzenberger Manns genug, ihm den Kopf platt und das Maul breit zu schlagen."
Zum Schutze des Pfarrhauses, das angeblich gestürmt werden sollte, standen Münzenberger in den dunklen Seitenstraßen bereit. Aber davon wußte ich nichts.
1978 berichtete mir der ehemalige Ortsgruppenleiter der NSDAP Trais-Münzenberg, der seit Beginn des Kirchenkampfes aktives Glied der Bekennenden Kirche war, sein Parteiamt aus Glaubens-

gründen abgab und nach dem Krieg Bürgermeister seiner Gemeinde war, daß er nach dem SA-Aufmarsch im Parteilokal gewesen wäre. Dort hätten Gaupresseamtsleiter Woweries und zwei führende Amtswalter von Münzenberg darüber beraten, wie sie mich in der Nacht unbemerkt oder während eines spontanen Sturms des „erregten" Volkes auf das Pfarrhaus in „Schutzhaft" hätten nehmen wollen, um mich dann der Gestapo zur Einlieferung in das Konzentrationslager Dachau zu übergeben. „Beschwörend habe ich sie gewarnt: ‚Tun Sie das nicht! Tun Sie das nicht! Wenn Sie unsern Pfarrer Lenz verhaften, wird das bitterböse Folgen haben.'" Möglicherweise dachten sie hierbei an den Widerstand in Bayern und Württemberg, als die evangelischen Bischöfe Meiser und Wurm im Oktober 1934 verhaftet worden waren und schließlich unter dem Druck des Volkes auf Hitlers Befehl wieder freigelassen werden mußten.

Am anderen Morgen protestierte ich selbst in aller Frühe beim Kreisleiter gegen die „Kundgebung für Deutschlands Einheit", die eine geradezu kommunistische Kundgebung unerhörter Einmischung in kirchliche Angelegenheiten gewesen sei. In einer anfangs sehr harten Auseinandersetzung bewies ich ihm, daß die Partei ihr Versprechen gebrochen hatte, auf dem Boden des „Positiven Christentums" zu stehen, daß sie damit zugleich Hitlers Warnung in „Mein Kampf" mißachtete.

Durch diesen für einen Nationalsozialisten äußerst beleidigenden Vergleich mit dem Bolschewismus wollte ich die große Empörung im ganzen Land über das Verhalten der Partei in Münzenberg drastisch zum Ausdruck bringen. Der Kreisleiter gab mir schließlich in der Sache recht, bemerkte aber, daß es so weit nicht gekommen wäre, wenn er in Münzenberg gewohnt hätte. Das bestritt ich; denn die Bekennende Gemeinde muß sich gegen eine Weltanschauung richten, die einen totalen Anspruch auf den ganzen Menschen erhebt, also auch auf seinen Glauben.

Bei diesem Gespräch beschwerte ich mich auch über den Gaupresseamtsleiter Woweries, der bei dem Partei-Aufmarsch auf dem Marktplatz in Münzenberg meine Angaben über meine politische Vergangenheit angezweifelt und mich einen politischen Hochstapler genannt hatte.

Nach diesem Gespräch schickte ich dem Kreisleiter auf seine Bitte eine Darstellung meines politischen Lebenslaufes als völkischer Rechtsradikaler in meiner Jugend- und Studentenzeit und danach als Nationalsozialist. Wenn ich mich recht erinnere, stand am Ende

dieser Erklärung, daß ich mich von niemandem aus der Partei herausdrängen lassen werde. Damit folgte ich einer Abmachung der bekennenden Brüder, daß die Parteigenossen unter den bekennenden Pfarrern nicht aus der Partei austreten, sondern bis zum Ausschluß in ihr ausharren sollten, um so die Partei zur klaren Stellungnahme zu zwingen.
Am Ende dieses Gesprächs warnte mich der Kreisleiter, daß die „Bekenntnisfront" in Münzenberg und ich mit weiteren Großaktionen der Partei rechnen müßten, weil wir uns am „Bischofstag" in aufsässiger Weise auch der Partei widersetzt hätten. Ein solcher Widerstand könne unter keinen Umständen geduldet werden.
So schloß ich aus Furcht vor einer Ausweitung des Terrors durch die Partei und des Widerstandes der Gemeinde, die bis zum äußersten gereizt war, mein Schreiben mit der Loyalitätserklärung, daß wir nicht gegen Partei und Obrigkeit stünden und ich kein Staatsfeind, sondern „Nationalsozialist" sei, solange die Versprechen der Kirche gegenüber gehalten würden, wie sie in § 24 des Parteiprogramms formuliert waren. Als Pfarrer der Bekennenden Kirche müsse ich mich aber aktiv gegen alle Verstöße der Partei wehren, die sich gegen den Auftrag der Kirche richten.
Mit dieser Antwort hoffte ich, eine große Gefahr für meine Bekennenden Gemeinden und mich abwenden zu können. Und tatsächlich gab es auch keine Großaktionen der Partei gegen Münzenberg mehr. Der Kampf der örtlichen Parteiorgane aber dauerte an.
Über meine politische Erklärung schäme ich mich heute, auch wenn sie damals Erfolg hatte. Sie entsprach nicht der Wahrheit, denn zu dieser Zeit war ich kein Nationalsozialist mehr. Auch der Hinweis auf taktisch kluges Verhalten in Stunden der Gefahr kann mich nicht entschuldigen; schließlich hatte ich während des ganzen Kirchenkampfes nicht zu den Taktikern, sondern zu den Kompromißlosen gehört. Vielleicht wird der Leser von heute, der damals nicht „dabei war", mein Verhalten nicht verstehen. Wie er freilich selbst gehandelt hätte, wird auch er heute kaum eindeutig sagen können. Doch das soll mein Versagen nicht entschuldigen.

Einige Wochen nach dem „Bischofstag" ließ mich der Gestapo-Beamte Hedrich wissen, daß man mich nur deswegen nicht in das Konzentrationslager Dachau gebracht hätte, weil man den geschlossenen Widerstand der Bekennenden Gemeinden in Oberhessen fürchtete.
Übrigens: Die sechs Veranstaltungen während des „Bischofstages"

wurden von mehr als 2000 Anhängern der Bekennenden Kirche sowie von 4500 Nationalsozialisten und Anhängern des Landesbischofs, also von insgesamt über 6500 Teilnehmern besucht, obwohl die beiden Gemeinden nur 1200 Einwohner hatten.
Nach dem „Bischofstag" in Münzenberg führte der Landesbischof ähnliche Veranstaltungen nur noch in Gemeinden durch, die zu ihm hielten. Der Pfarrer in einer dieser Gemeinden war kein Nationalsozialist, aber als liberaler Theologe Gegner der Bekennenden Kirche und deshalb Anhänger des NS-Landesbischofs. Es ist vielleicht nicht uninteressant, daß eben dieser Pfarrer nach dem Zusammenbruch des Dritten Reiches als „Nichtbelasteter" auch in dem gegen mich gerichteten Verfahren der Spruchkammer zur Entnazifizierung die Ermittlungen leitete.

Am 10. September 1935 erstattete unser Kirchenvorstand gegen den Hausverwalter der NS-Studentinnen-Führerschule in Münzenberg, „der wegen seiner kirchenfeindlichen Haltung, die an die Methoden marxistischer Freidenker erinnert, schon aufgefallen ist", Anzeige wegen Gotteslästerung. Er hatte zu einer Konfirmandin gesagt, das Abendmahl sei „eine richtige Schweinerei, weil jeder an den Kelch sein Schlappmaul dranhält". Der Staatsanwalt stellte das Verfahren ein, weil die Äußerung „nicht öffentlich gefallen" sei. Gegen dieses Urteil protestierten wir bei der NS-Landesregierung, zumal auch „die gesamte... Gemeinde in heller Empörung über diese unglaubliche Äußerung eines Parteigenossen war". So hatten wir den, wenn auch geringen Erfolg, daß der Gauleiter den Hausverwalter „wegen seines Verhaltens durch den zuständigen Kreisleiter verwarnen ließ".
Über die antichristliche Schulungsarbeit dieser Führerschule in Münzenberg informierte mich eine Studentin, die mich nach dem Bischofstag wiederholt abends im Schutz der Dunkelheit im Pfarrhaus besuchte. In Erinnerung habe ich noch, daß man während der Zeit meiner Gehaltssperre die Mahlzeiten in der NS-Schule mit einer Persiflage des christlichen Dankgebetes begann, in der man seine hämische Freude über den hungernden Pfaffen zum Ausdruck brachte. Leider besitze ich über diese Berichte keine Niederschriften. Deswegen zitiere ich aus einem „Bericht über ein studentisches Schulungslager auf der Ordensburg der NSDAP Grössingen/Pommern Juli–August 1936":
„Kremer: ‚Das Christentum ist der einzige Feind des Nationalsozialismus und seiner Aufbauarbeit im Volk.'

Dr. Walter Groß: ‚Das Christentum entstand in dem Augenblick im römischen Reiche, als die Verbastardierung des Volkes einsetzte. Wir sehen deutlich daraus, daß das Christentum nur unter Bastarden, Krüppeln und Sklaven sich entwickeln konnte und groß wurde.'
SS-Obergruppenführer Schulz/Pommern: ‚Ich will mich keiner Gotteslästerung schuldig machen, aber ich frage: Wer war größer, Christus oder Hitler? Christus hatte bei seinem Tode zwölf Jünger, die ihm aber nicht einmal treu blieben. Hitler hat heute ein Volk von 70 Millionen hinter sich. Wir können es nicht dulden, daß neben uns eine andere Organisation besteht, die anderen Geistes ist als wir. Wir müssen sie zerschlagen. Der Nationalsozialismus erhebt allen Ernstes den Anspruch: Ich bin der Herr, dein Gott! Du sollst keine anderen Götter haben neben mir.'
Der SS-Obergruppenführer schloß seine Rede mit den Worten: ‚Denn unser ist das Reich und die Kraft, denn wir haben eine starke Wehrmacht; und die Herrlichkeit, denn wir sind wieder ein angesehenes Volk, und so Gott will in Ewigkeit. Heil Hitler!'"
Diesen Bericht verteilten wir kommentarlos als illegales Flugblatt in unserem ganzen Kirchengebiet.

Bald nach dem Bischofstag wurde ich für Pfarrer Brunner aus Ranstadt, den man mit anderen Pfarrern in das KZ Dachau eingeliefert hatte, in den Landesbruderrat berufen. Ihm gehörte ich bis 1940 an, dem Jahr, in dem man mich zum Kriegsdienst einzog. Diese illegale, von der Gestapo bedrängte Kirchenleitung der Bekennenden Kirche Nassau-Hessen hielt wöchentlich eine Abendsitzung. Einmal war sogar während der Sitzung die Geheime Staatspolizei anwesend. Meine privaten Protokolle dieser Sitzungen füllen elf Stenogrammblöcke mit etwa 800 Seiten.

Nachdem es der Partei trotz ihres massiven Einsatzes nicht gelungen war, die beiden Bekennenden Gemeinden und ihren Pfarrer zum Schweigen zu bringen, teilte mir der Sturmbann X der SA-Reserve 116 folgende Verfügung aus dem Verordnungsblatt Nr. 8 vom 11. März 1935 mit:
„Neuerdings wird versucht, SA-Angehörige in den Kirchenstreit einzubeziehen, zur Stellungnahme und Parteinahme zu veranlassen. Es erscheint angebracht, darauf hinzuweisen, daß für jeden Angehörigen einer NS-Gliederung dieselben Grundsätze gelten müssen, wie sie für die NSDAP im engeren Sinne stets gegolten haben. Wir

haben während der ganzen Kampfzeit unnachsichtig an dem Grundsatz festgehalten, daß in unseren Reihen jede Diskussion über religiöse Angelegenheiten unterbleibt. Wer der Auffassung ist, daß er diesen Standpunkt nicht vertreten kann, bzw. glaubt, sich am Streit in religiösen Dingen beteiligen zu sollen, hat aus der SA auszuscheiden. Die SA-Stellen werden auf strengste Durchführung dieses Grundsatzes hingewiesen und haben in jedem Falle die Diskussionen autoritär zu beenden und jeden, der dem Befehl nicht nachkommt, aus der SA zu entlassen, bzw. die Entlassung zu beantragen."
Dieses Schreiben beantwortete ich nicht. Da ich meine Haltung nicht änderte, wurde ich am 25. September 1935 durch den „Führer der Standarte 222 – Wetterau – i. V. Kissel, Obersturmbannführer" „aus der SA ausgeschieden". Als ich die Gründe für diese Entscheidung wissen wollte, antwortete man mir: „Das Ausscheiden eines SA-Mannes kann verfügt werden, ‚wenn er nach seinen Fähigkeiten, Eigenschaften oder seinem Verhalten zum Dienst in der SA nicht mehr geeignet erscheint'."
Ich erhob keinen Einspruch, weil die schriftliche Begründung des Ausschlusses im Kern zutraf. Diesen Ausschluß teilte ich meinen Gemeinden nach der Predigt mit.

Unmittelbar auf meinen Ausschluß aus der SA-Reserve folgte mein Ausschluß aus der NSDAP durch eine „Einstweilige Verfügung" des Stützpunktleiters von Münzenberg im Einverständnis mit dem Vorsitzenden des Parteigerichts am 28. September 1935. Begründung: „Nichtbezahlung des Parteibeitrages 1935 trotz Aufforderung."
Die Begründung des Parteiausschlusses bewies ebenso wie das immer wieder hinausgezögerte Gerichtsverfahren die Unsicherheit und das Unbehagen der Partei, wenn sie zu Fragen des christlichen Glaubens Stellung beziehen mußte. Das Verfahren wurde eingestellt; was natürlich nicht bedeutete, daß die Partei ihre Haltung den Pfarrern der Bekennenden Kirche gegenüber geändert hätte.
Welche Haltung sie hier einnahm, zeigt die Antwort, die der Schulungsleiter der Partei in Münzenberg unserem illegalen Vikar Uhrhan gab, der ihn seelsorgerlich angesprochen hatte. Unüberhörbar hatte er ihm auf der Straße zugerufen: „Was für Sie Jesus Christus ist, ist für mich allemal Adolf Hitler!" Das war auch der Standpunkt der Partei, selbst wenn er in dieser brutalen Deutlichkeit niemals öffentlich proklamiert wurde.

1935 gewann die gleichermaßen vom NS-Staat wie von der NS-Kirchenregierung bedrängte Bekennende Kirche immer mehr an Boden. In vielen Rechtsstreitigkeiten vor ordentlichen Gerichten gegen offizielle Kirchenregierungen wurde ihr Recht zugesprochen. In dieser Zeit war „die Unterdrückung (der Bekennenden Kirche) mit Brachialgewalt noch nicht gewünscht", und deswegen setzte Hitler eine staatliche Kirchenbehörde ein und beauftragte den Reichsminister für kirchliche Angelegenheiten Kerrl, „in der Deutschen Evangelischen Kirche geordnete Zustände wiederherzustellen". Damit war der Reichsbischof „praktisch ausgeschaltet".

Diese Situation nutzte der Landesbruderrat, den Kirchenminister über die tatsächlich in Nassau-Hessen bestehende Lage zu unterrichten, ein Ende der Gewaltherrschaft des Landesbischofs zu fordern und schon jetzt Weichen für die bevorstehende Bildung des Landeskirchenausschusses Nassau-Hessen zu stellen.

Deshalb schickte er mich und meinen Freund BK-Pfarrer Paul Zipp, der aus seiner Gemeinde ausgewiesen worden war, im Oktober 1935 zweimal zu mehrtägigen Verhandlungen mit dem Ministerium für kirchliche Angelegenheiten, der Vorläufigen Kirchenleitung der Bekennenden Kirche, dem Reichskirchenausschuß und anderen kirchlichen und politischen Stellen nach Berlin. Wir sollten versuchen, willkürliche Eingriffe des Reichsstatthalters in Hessen rückgängig zu machen (z. B. Schließung einzelner Kirchen zum Erntedankfest, Predigtverbote für BK-Pfarrer und Verhaftung von Jungtheologen).

Damals notierte ich mir, daß uns im Kirchenministerium Ministerialrat Stahn am 18. Oktober bei einer halbstündigen Verhandlung, auf die er uns 90 Minuten hatte warten lassen, „kaltschnäuzig empfing und unfreundlich belehrte". Der Vorsitzende des Landesbruderrates, Pfarrer Veidt aus Frankfurt, der an diesem Tage zu uns gestoßen war, und wir beide widersprachen scharf und übergaben einen Bericht des Landesbruderrates sowie Beschlüsse unserer Synode. Weil aber gerade eine Abordnung des Landesbischofs dagewesen war, ja der Landesbischof sich selbst noch im Hause aufhielt und sein aktiver Anhänger Propst Trommershausen aus Frankfurt vorgesprochen hatte, blieben alle unsere Einwände wirkungslos. Erst als wir auf schwindenden Einfluß der Partei in Nassau-Hessen hinwiesen, auf die Gefahr von Unruhen und Aufständen, wie sie in Münzenberg, Rod an der Weil und Bechtheim vorgekommen waren, horchte Stahn auf und wurde zugänglicher. Schließlich war er bereit, über seinen Mitarbeiter Propst Szyma-

nowski zu veranlassen, daß die geschlossenen Kirchen wieder geöffnet werden sollten.
Propst Szymanowski trafen wir beide anschließend auf dem Flur. Auch er war wenig zugänglich. Wir aber ließen nicht locker, bis er uns für den nächsten Tag zu einer Unterredung einlud. Sie dauerte 45 Minuten. Auch hier berichteten wir über die Notstände in Nassau-Hessen, forderten die Entlassung der von der Gestapo verhafteten Jungtheologen Aschoff, Frey und Pfeifer, die Öffnung der geschlossenen Kirchen, Ruhe und Frieden für bedrängte Gemeinden und die Wiedereinsetzung der abgesetzten Dekane. Szymanowski sagte seine Hilfe zu und versprach, daß „keinerlei Ungesetzmäßigkeiten mehr" vorkommen würden.
Die geschlossenen Kirchen wurden umgehend geöffnet und die Gefangenen freigelassen. Außerdem erreichten wir durch eine zufällige Begegnung mit einem leitenden Vertreter des Reichssicherheitshauptamtes, daß man die Ausweisung von Pfarrer Zipp aus Rheinhessen aufhob und die drei Kirchen seiner Pfarrei wieder öffnete. Der Landesbruderrat hatte uns beide für diese Verhandlungen abgeordnet, weil er hoffte, daß wir als „alte Parteigenossen" leichter Erfolg haben würden. Über unsere Verhandlungen berichtete ich vor über 300 BK-Pfarrern in Frankfurt.[2]

Anfang November 1935 entsandte der Landesbruderrat drei Vertreter, darunter auch mich, in den „Landeskirchenrat" Nassau-Hessen. Bei den vorangegangenen Verhandlungen hatte der Reichsstatthalter von Hessen durch Staatsrat Rainer bei dem Vertreter des Reichskirchenausschusses Wilm gegen meine Berufung Einspruch erhoben. Trotzdem setzte der Landesbruderrat meine Berufung bei Reichsminister Kerrl am 5. November 1935 durch. Auch der Landesbischof gehörte mit zwei Anhängern diesem Gremium an; dazu kamen drei Vertreter der Neutralen unter Führung des Leiters der Liberalen in Hessen. Nach einer scharfen Auseinandersetzung mit dem Landesbischof, in der ich ihm seine kirchenzerstörende Tätigkeit vorgeworfen hatte, durchbrach dieser mit einer gegen mich gerichteten Veröffentlichung das Dienstgeheimnis. Dafür entließ ihn der Minister aus dem Landeskirchenrat und entmachtete ihn als Landesbischof. Ausschließlich seine geistlichen Funktionen durfte er behalten. Auch ich wurde durch den Minister ohne Angabe von Gründen telegraphisch entlassen.
Der „Landeskirchenrat" war nur wenige Monate tätig gewesen.[3]
Am 15. Januar 1936 bildete man ihn um. Dieses Gremium nun be-

mühte sich ganz und gar erfolglos, ohne Vertreter der Bekennenden Kirche und des NS-Kirchenregimentes, aber in staatlicher Abhängigkeit, um die Befriedung der Kirche.
Als dieser Versuch des Kirchenministers endgültig gescheitert war, griff Hitler ein und ordnete im Februar 1937 an, Kirchenwahlen durchzuführen. Die „Deutschen Christen" witterten Morgenluft. Doch die Bekennende Kirche erhob einmütigen Protest.
Am 23. Juni 1937 wurden mehrere Mitglieder des Reichsbruderrates und am 1. Juli auch Martin Niemöller verhaftet. Der Reichsbruderrat war dadurch kaum noch aktionsfähig. Deshalb verlagerte sich die Arbeit mehr und mehr auf die Landesbruderräte.
Die Kirchenvorstände meiner beiden Bekennenden Gemeinden riefen die Christen der Wetterau zu einem großen Bekenntnistag am 16. Mai 1937 nach Münzenberg: „Für oder wider Jesus Christus! ,So diese schweigen, werden die Steine reden.'" Am geschlossenen Widerstand der Bekennenden Kirche scheiterte dann die Ausführung des von Hitler persönlich erlassenen Gesetzes.

Auf Vorschlag des Landesbruderrates beschenkten die Bekennenden Gemeinden zu Weihnachten 1937 die Familien der gefangenen oder sonstwie bedrängten Brüder und Schwestern in Deutschland. Ich schrieb in diesem Zusammenhang an den gefangenen Pfarrer Küntzel: „Soweit ich sehe, ist diese Aktion... nur in unserer Gemeinde gestört worden... Am (Abend des) 4. Advent(es) hielt die hiesige, durch den Kirchenkampf... lebendig gewordene Mädchenschar... einen Dankopfergottesdienst, bei dem... viele Gemeindeglieder... eine Naturalkollekte (für die Familie) des gefangenen Bruders... (Der Name des gefangenen Küntzel ist im Original nicht genannt) auf den Altar legten... Am Montag bereits kam die Gestapo, ein häufiger Gast in meinem Hause,... und durchsuchte das Pfarrhaus in meiner und meiner Frau Abwesenheit", während eine Nachbarin einen Teil der Würste und Speckstücke durch ein Fenster in den Pfarrgarten warf. 49 Päckchen wurden unter scharfem Protest von Gemeindegliedern für bedürftige SA-Leute in Gießen beschlagnahmt. Die Gestapo verhörte am Dienstag 12 Stunden lang Vikar Ernst und Gemeindeglieder, die alle bei ihrem Standpunkt beharrten. Ich selbst habe mit einem Beamten in meinem Hause einen schweren Zusammenstoß gehabt.
Meine Niederschrift über die Vorgänge des 21. Dezember 1937 sieht so aus: Gestapo-Schneider riß die Empfangsbestätigung der Geheimen Staatspolizei über die Beschlagnahme der Gaben, die ich

im Flur für jeden Eintretenden sichtbar angebracht hatte, mit wütendem Gesicht herunter und bedrohte mich: „Sie werden wohl zu gut behandelt! Wenn es nach mir ginge, dann würde ich mit Ihnen noch etwas ganz anderes machen." Er fügte hinzu: „Sie haben wohl lange keine Schläge bekommen?" Ich erwiderte: „Bitte, tun Sie das" und fügte ebenfalls hinzu: „Das ist für den Pfarrer Lenz und seine Kirche gut. Für Adolf Hitler ist das nicht gut! Heben Sie die Quittung vom Boden auf! Ich verlange einen anständigen Ton von Ihnen."
Im Amtszimmer gab er mir die Quittung und wurde sehr freundlich. „Wir müssen Sie schon wegen der anderen (Vikar Ernst und zahlreichen Gemeindegliedern) im Rathaus vernehmen..." Ich: „...das ist mir einerlei." Die Beamten: „Wir gehen voraus, damit die Leute nicht meinen, daß Sie mitgenommen werden." Ich: „Das schadet weder mir noch den Leuten."
Darauf gingen sie weg. Ich ging – begleitet von mehr als 50 Schülern und Erwachsenen – zwischen den beiden Beamten ins Rathaus. Hier diktierte ich das Protokoll, nachdem ich gemerkt hatte, daß dem Beamten die Formulierung schwerfiel. Dafür durfte ich meine Angaben mitstenographieren, und so blieb es auch in Zukunft. Notfalls erreichte ich diese Erlaubnis durch Aussageverweigerung.
An Pfarrer Küntzel schrieb ich dann noch einmal: „Zu dem Vorwurf: ,Verstoß gegen das Sammlungsgesetz und Heben einer verbotenen Kollekte': ...Diesen Vorwurf tragen wir bis hin zur Gefangenschaft. Unsere Kirchenbehörde ist der Landesbruderrat, der im Auftrag unserer Bekennenden Synode... diese Kollekte angeordnet hat... Von den (in den Garten geworfenen und) nachträglich gebrachten Gaben haben wir Ihr (Küntzels) Paket gepackt und zum heutigen Geburtstag Martin Niemöllers (der im Gefängnis saß und später von dort dankte) noch zwei Pakete nach Dahlem (an seine Familie) geschickt. Hierüber hatten wir die Beamten nicht im unklaren gelassen. Unseren Dienst können wir uns weder vorschreiben noch hindern lassen."
Als Schneider die Herausgabe eines kleinen Barbetrages (wir hatten kein Bargeld, sondern Naturalien erbeten) verlangte, weigerte ich mich, das zu tun. „Wenn Sie die Gaben haben wollen, müssen Sie schon in den Gottesdienst kommen und sie dort beschlagnahmen."

Am 25. Februar 1938 schrieb mir der Vorsitzende des Kreisgerichtes: „Der Stützpunktleiter in Münzenberg hat die Einleitung eines Parteigerichtsverfahrens gegen Sie veranlaßt mit dem Ziel der Ent-

lassung aus der NSDAP... Sie sollen... die Jüdin Regine Metzger freundlich gegrüßt haben... Ich bitte um Ihre Stellungnahme."
Ich antwortete: „Zu Ihrer Anzeige: Ich habe die Regine Metzger, deren Sohn als Frontkämpfer verwundet worden ist und die in meiner Nachbarschaft wohnt, gegrüßt. Da es einen unfreundlichen Gruß nicht gibt, erübrigt sich der Zusatz der Anzeige: ‚freundlich gegrüßt'. Das habe ich schon immer getan, und das werde ich auch weiter tun... Neben dieser... Haltung bin ich aber auch als Christ... gehalten: ‚Freundlich zu sein gegen jedermann', auch gegen den Gegner und sogar gegen den Feind. Hiervon kann mich niemand entbinden.
Zur Charakterisierung der Anzeige: Diese und auch zahlreiche frühere Anzeigen der Partei nehmen angebliche Verstöße gegen die Parteiordnung zum Anlaß, mich anzuzeigen. In Wirklichkeit aber handelt es sich um mehr, nämlich um meinen Glaubensstand und um mein Eintreten für die bedrängte Kirche Jesu Christi. Dieses ‚Ärgernis', wie die Schrift sagt, will man los sein. Ich wundere mich aber nicht, daß die Parteivertreter nicht den Mannesmut aufbringen, mit offenem Visier anzutreten. Daß ich als Pfarrer, der sein Ordinationsgelübde in aller Schwachheit ganz ernst nehmen möchte, das heißt, der seinen Herrn und seine Botschaft unerschrocken und ohne Abstriche, auch ohne Abstriche des Schweigens, bezeugen und bekennen will, in der Partei nicht mehr getragen werden soll, beweisen die Besuche des Gauredners Wagner und des Gaurichters Freiherr von Lyncker bei mir. Es handelt sich ganz eindeutig, wie es mir von den beiden Herrn getrennt zugegeben wurde, allein um mein Eintreten als Bekennender Pfarrer für das Evangelium von Jesus Christus und wider alles Unrecht und jede Gewalt.
Wenn das aber nicht mehr getragen werden kann, dann verlange ich einen offenen Entscheid, für den Sie dann auch einstehen müssen. Eine getarnte Beurteilung kann nicht zur Ehre und auch nicht zum Gewinn gereichen. Laßt uns Männer sein! (gez. Lenz)."
Unmittelbar nach Frau Metzger grüßte ich den Parteigenossen, von dem zweifellos die Anzeige gegen mich stammte, mit „Guten Tag, Herr...!" Unüberhörbar antwortete er: „Herr Pfarrer, der ‚Deutsche Gruß' heißt ‚Heil Hitler'!" Ich ebenso laut: „Der Deutsche Gruß ist kein Gesetz. Darum kann ich grüßen, wie ich es für richtig halte." Seit ich in die BK eingetreten war, verweigerte ich sogar bei der Gestapo diesen Gruß.
Übrigens hatte das NS-Kirchenregiment im Oktober 1934 im Verordnungsblatt darauf hingewiesen, „daß es eine Selbstverständlich-

keit ist, daß die Geistlichen in allen Fällen den ‚Deutschen Gruß' anwenden."

Am 17. April 1938 schrieb mir der Stützpunktleiter: „Wie ich... festgestellt habe, wurden Sie zu jedem Mitgliederappell und jeder Versammlung durch Ihren Blockleiter bestellt. Ich mußte aber leider die Wahrnehmung machen, daß Sie nirgends teilgenommen haben. Da es Pflicht eines jeden Parteigenossen ist, an den Mitgliederappellen sowie an allen Veranstaltungen der NSDAP teilzunehmen, möchte ich Sie hierdurch auf diese Pflichten einmal aufmerksam machen."
Ich antwortete: „An den Veranstaltungen der Partei brauche ich nur aus eigener und freier Entscheidung teilzunehmen, da durch einen Erlaß von Rudolf Heß ausdrücklich jede Kontrolle und damit jede Erzwingung des Versammlungsbesuches der NSDAP verboten ist. Außerdem bemerke ich, daß ich an den Veranstaltungen der Partei nicht teilnehmen kann. Bei den pfarramtlichen Akten befinden sich einige Schreiben hiesiger Parteigenossen an mich, in denen meine Ehre durch Beschimpfungen und Verleumdungen, die jeder Beschreibung spotten und den Schreibern durchaus nur zur Unehre gereichen, angegriffen wird. Nicht ein einziges Mal ist die leitende Ortsparteistelle für die angegriffene Ehre ihres Mitgliedes eingetreten. Damit macht sie sich aber eines Verstoßes gegen ihre Pflichten schuldig und hindert mich bis zur Wiedergutmachung, an den Veranstaltungen teilzunehmen. Hinzu kommt ein zweiter Grund für mein Fernbleiben: Es sind gegen mich nun schon zahlreiche Anzeigen hiesiger Parteistellen ergangen. Sämtliche Anzeigen verliefen ergebnislos. Nicht einmal hat man sich bemüht, vor Erstattung der ‚weltbewegenden' Anzeigen in persönlicher Fühlungnahme mit mir die Notwendigkeit der Anzeigen festzustellen. Ebenso hat man sich nicht ein einziges Mal nach dem Zusammenbruch aller Anzeigen bemüht, meine angegriffene Ehre wiederherzustellen. Das wäre Ihre Mannespflicht gewesen. Daß das nicht geschah, entspricht weder einer hierfür in Frage kommenden Anordnung Robert Leys über die Pflichten und das Verhalten der Amtswalter noch der letzten Rede von Rudolf Heß.
Beide Gründe sind aber nicht die für mich entscheidenden. Als bekennender Christ will und muß ich bereit sein, persönliche Schmach um meines Herrn Jesus Christus willen zu tragen. Darum könnte ich beide Gründe übersehen.
Anders ist es mit dem dritten Grund. Er ist entscheidend. Wie es

Ihnen und jedem bekannt ist, sind in zahlreichen Veranstaltungen der NSDAP Angriffe wider die christliche Kirche und Lästerungen der Heiligen Schrift erfolgt. Der lebendige Herr wird einen jeden zur Verantwortung ziehen, der ihn lästerte. Er wird aber auch jeden zur Verantwortung ziehen, der sich in solchen Situationen nicht zu ihm bekannte, sondern ihn durch schweigendes Ertragen antichristlicher und kirchenfeindlicher Angriffe verleugnete. Als Christ muß ich meinen Herrn bekennen. Das hat er unter Hinweis auf unser ewiges Seelenheil gefordert. Als ordinierter Diener seiner Kirche bin ich durch mein Ordinationsgelübde hierzu ausdrücklich verpflichtet.

Und nun bitte ich Sie herzlichst, folgendes verstehen zu wollen: Ich muß darum, wenn ich zu Ihren Veranstaltungen erscheine, unter Protest die Versammlungen der NSDAP verlassen, wenn mein christlicher Glaube angegriffen und wider Wahrheit und Recht verstoßen wird. Die höchste und letzte Verantwortung vor dem lebendigen Gott gebietet mir um meiner Seligkeit und meines Volkes willen solches Bekennen und Zeugnis. Das ist bereits an manchen Orten von manchen Christen, gerade auch christlichen alten Parteigenossen, getan worden. Ob Sie mich verstehen werden? Jedenfalls bitte ich Sie, lesen Sie diese wirklich ernst gemeinten Zeilen mit ernstem Sinn. Lassen Sie sich aber, bitte, nicht von anderen Stimmen verwirren! Noch einmal: Ein Christ kann hier nicht anders... Wer anders kann, ist kein Christ. Der Herr helfe mir und Ihnen zum rechten Weg, an dessen Ende das Heil und das ewige Leben nur für den stehen, der sich zu ihm und seinem heiligen Wort in diesem Leben und auch unter Anfechtung und Bedrängnis bekannte." (gez. Lenz.)

Am 1. Juli 1937 wurde Martin Niemöller, der Leiter des Pfarrer-Notbundes in Deutschland, mit Genehmigung Hitlers verhaftet. Er war gerade von einer BK-Vortragsreise zurückgekehrt, die er trotz Redeverbot gehalten und für unser Kirchengebiet in Frankfurt abgeschlossen hatte.

Im Februar 1938 wurde Niemöller durch die Gestapo nach einem Sondergerichtsverfahren aus der Festungshaft entlassen, anschließend aber doch in ein Konzentrationslager gebracht. Um unsere empörten und erregten Gemeinden über diese Vorgänge zu informieren, vervielfältigte ich mit zahlreichen Pfarrern und Vikaren das illegale Flugblatt: „Martin Niemöller im Konzentrationslager". Vierzigtausend Exemplare konnten wir schließlich von diesem

Flugblatt verteilen, das uns die gefährliche Anklage der „Aufwiegelung zum politischen Widerstand" einbrachte. Am Schluß dieser Flugschrift hieß es: „Was fordert diese Lage von uns? Sie fordert von uns, daß wir wissen, daß Martin Niemöller nicht als eine Einzelperson in Sachsenhausen im Konzentrationslager sitzt, sondern daß in ihm die ganze Bekennende Kirche und alle, die für die Freiheit des Evangeliums in Deutschland kämpfen, ins Gefängnis geworfen sind. Sie fordert, daß wir nicht müde werden, für Martin Niemöller und alle Brüder der Kirche, die verfolgt werden, gefangen sind oder sonst leiden, zu beten. Sie fordert, daß wir, wo wir stehen, nicht schweigen wie stumme Hunde, sondern reden, was uns Gott befohlen hat, und kämpfen für die Freiheit seiner Kirche und für die Geltung des Evangeliums in Deutschland. Solange Martin Niemöller im Konzentrationslager ist, ist vor uns ein weithin sichtbares Zeichen aufgerichtet, daß die Kirche Jesu in Deutschland gefangen ist. Martin Niemöller hat es uns vorgelebt: ‚Ich glaube, darum rede ich.' Darum: ‚Fürchte dich nicht, sondern rede und schweige nicht!' (Apostelgeschichte 18,9)."

Wir verbreiteten dieses Blatt im gesamten Gebiet unserer Landeskirche, den angrenzenden Kirchengebieten Kurhessens und des Rheinlandes. Mitte Mai begann im ganzen Land eine umfassende Aktion der Gestapo mit Verhören, Hausdurchsuchungen und Verhaftungen. Bei mir wurden mein Wagen, meine Schreibmaschine und mein Vervielfältigungsapparat beschlagnahmt. Mich selbst verhaftete die Gestapo am 20. Mai 1938 mit der Genehmigung des Stützpunktleiters. Wieder rechneten wir damit, daß ich in ein KZ eingeliefert würde.

Bei dem zweiten Verhör in Gießen nahm ich die Verantwortung für die Flugblattaktion auf mich und erklärte, daß ich wegen meines Ordinationsgelübdes so habe handeln müssen. Auf die fernmündliche Meldung an die Zentrale der Gestapo in Darmstadt: „Er beharrt", wurde ich zu meiner größten Überraschung freigelassen. Meinen Wagen und die anderen beschlagnahmten Dinge durfte ich weiter benutzen, nachdem ich zugesagt hatte, sie nicht mehr für illegales Schrifttum einzusetzen. Nun, für diese Tätigkeit, die wir natürlich fortsetzten, standen uns Wagen und Apparate der Pfarrbrüder zur Verfügung.

Weil ich aber wegen der „Verbreitung von Hetzschriften" gegen „das Heimtückegesetz" verstoßen hatte, wurde ein Sondergerichtsverfahren gegen mich und achtzehn andere BK-Pfarrer eröffnet. Was nun folgte, war schon merkwürdig: 1938 erfuhr ich vom Vor-

sitzenden des NS-Gaugerichtes, daß er auf die wiederholten Anfragen des Gauleiters nach dem Stand der Sache bisher stets geantwortet habe, die Ermittlungen seien noch nicht abgeschlossen. Das bestätigte mir mein Rechtsanwalt schriftlich. Tatsächlich aber waren die Ermittlungen abgeschlossen. Oberstaatsanwalt Dr. Volk, der bei dem Generalstaatsanwalt des Landes Hessen die Berichterstattung an den Reichsjustizminister in Sondergerichtsverfahren zu bearbeiten hatte, schrieb mir aus eigener Initiative am 3. August und 10. Oktober 1947, daß gegen mich „ziemlich viel Anzeigen wegen Sondergerichtsdelikten, besonders in Strafsachen wegen Vergehens gegen das ‚Heimtückegesetz' erstattet wurden.
Besonders in Erinnerung sind mir zwei große Sachen aus dem Jahre 1938, beide wegen Verbreitung kirchlichen Schrifttums. Das eine gegen eine große Zahl evangelischer Geistlicher, Ihr Name stand oben an, das andere gegen katholische Pfarrer und Laien gerichtet. In beiden Sachen sind besonders langwierige Verhandlungen mit dem (Reichsjustiz-)Minister zu führen gewesen. In Ihrer Sache hatte der Minister... zunächst auf Anklage bestanden, und diese dürfte auch bei dem Sondergericht erhoben worden sein. Der Durchführung der Sache wurde aber dann weiterhin widersprochen. Zur Verhandlung beider Sachen war ich einmal mit dem Generalstaatsanwalt persönlich in Berlin... Eine Amnestie wollte der Minister auf die Verfahren nicht angewendet wissen... Schließlich erklärte er sich damit einverstanden, daß die Verfahren gegen die geringer Belasteten eingestellt wurden, bestand aber darauf, daß sie gegen die Hauptbeteiligten durchgeführt werden müßten... Die Sache wurde daraufhin hinhaltend bearbeitet. Dem Minister gegenüber wurde das immer wieder damit gerechtfertigt, daß eine öffentliche Behandlung der Sache eine Unruhe in die Bevölkerung tragen werde, die sich im Hinblick auf gerade obwaltende Zeitverhältnisse nicht verantworten lasse. Nach Jahr und Tag und nachdem in der Sache zahllose Berichte erstattet waren, gelang es schließlich, das Einverständnis des Ministers zu erlangen, daß die Sache... eingestellt wurde."
Das geschah während des Krieges durch einen Gnadenerlaß am 5. April 1941. Die danach beschlagnahmten Gegenstände (Kraftwagen, Schreibmaschine und Vervielfältigungsapparat) wurden endgültig freigegeben. Für mich war dieser Gnadenerlaß eine Bestätigung der Verheißung aus Psalm 91,11: „Der Herr hat seinen Engeln befohlen über dir, daß sie dich behüten auf allen deinen Wegen, daß

sie dich auf den Händen tragen und du deinen Fuß nicht an einen Stein stoßest."

1938, den genauen Termin weiß ich nicht mehr, beschwerte ich mich mündlich bei Wilhelm Haug, dem Gauamtsleiter der NS-Volkswohlfahrt (NSV) in Hessen über das kirchenfeindliche Verhalten der Partei, über zahlreiche Eingriffe der NSV in die diakonische Arbeit der Kirche und besonders des hessischen Diakonissenhauses Elisabethenstift in Darmstadt.

Haug war einer meiner beiden Jugendfreunde gewesen. Meinen Vater hatte er sehr verehrt. Durch den Kirchenkampf, in dem mein Vater und ich aktiv auf der Seite der Bekennenden Kirche standen, hatten sich diese freundschaftlichen Beziehungen gelöst. Trotzdem hoffte ich, bei Haug ein offenes Ohr zu finden, vor allem hoffte ich, eine drohende NS-Gleichschaltung des Elisabethenstiftes verhindern zu können. Dorthin war mein Vater 1934 als Nachfolger des vertriebenen Vorstehers, Pfarrer Hickel, berufen worden. Auch mein Vater folgte dem Ruf der Dahlemer Botschaft und trat mit der Schwesternschaft der Bekennenden Kirche bei. Das Stift wurde zu einer Hochburg der Bekennenden Kirche. Jahrelange Schikanen und Bedrängnisse konnten den Widerstand des Stiftes nicht brechen. Deswegen mußten wir mit dem Gewaltakt einer „Machtübernahme" und Gleichschaltung des Elisabethenstiftes durch die Gauamtsleitung der NSV rechnen.

Das Gespräch mit Haug fand in Gegenwart von zwei NSV-Funktionären statt, die sich nicht am Gespräch beteiligten. Ihre Namen weiß ich nicht mehr. Ich nehme an, daß einer der für das Stift vorgesehene Kommissar war. Während unseres Gesprächs kam es zu einer offenen Konfrontation zwischen Haug und mir über die entscheidende Frage: Christlicher Glaube oder NS-Weltanschauung, d. h. wem haben wir mehr zu gehorchen: Gott oder den Menschen, Jesus Christus oder Adolf Hitler? Nachdem die beiden Zuhörer wortlos den Raum verlassen hatten, forderte ich Haug auf, die Konsequenz aus seiner Haltung zu ziehen und aus der Kirche auszutreten. Das tat er bald.

1939 handelte er dann. Mein Vater als Vorsteher und erster Stiftspfarrer, die Oberin der Schwesternschaft, die Probemeisterin der Novizen u. a. wurden ihrer Ämter enthoben und ausgewiesen. Das Diakonissenhaus unterstand seitdem einem NSV-Kommissar und die Schwesternschaft einer fremden NS-Oberin. Trotzdem beharrte die Schwesternschaft geschlossen in passivem Widerstand bis zum Zusammenbruch des Dritten Reiches.

Auf eine Einladung des „Schweizerischen Evangelischen Hilfswerkes für die Bekennende Kirche in Deutschland" durften 1938 auch unsere beiden Söhne (6 und 5) in die Schweiz fahren, wo sie in einem Kinderheim viele ruhige Wochen verlebten. Leider erkrankte unser zweiter Sohn dort an einer Angina, an deren Folgen er nach zehnjährigem schweren Leiden im Alter von fünfzehn Jahren starb.

Das Kreisamt hatte mir den Paß für die Fahrt in die Schweiz ausgestellt, ohne die Gestapo einzuschalten; und das, obwohl ein Sondergerichtsverfahren gegen mich lief. Die Versuchung war groß, den anhaltenden Bedrängnissen des Kirchenkampfes durch eine Emigration mit meiner Familie zu entfliehen. Ich widerstand ihr im Einvernehmen mit den Brüdern und in Bindung an das Ordinationsversprechen, das u. a. „von dem Pfarrer die Bereitschaft zu Verzicht und Opfer und die ganze Hingabe an seinen Dienst" fordert.

Bei dem Grenzübertritt in die Schweiz erfüllte mich eine unbeschreibliche Freude. Meine Tage waren mit Gesprächen, Verhandlungen und dem Studium ausländischer Literatur über den Nationalismus, besonders über den Massenmord Hitlers bei der „Röhmrevolte" 1934, ausgefüllt. Wie sehr habe ich damals davor gewarnt, Hitlers Aufrüstung zu verharmlosen und als unwichtig abzutun!

Bei der zweiten Fahrt brachte ich das Büchlein „Und lobten Gott, Zeugnisse evangelischer Pastoren und Laien der fürbittenden Gemeinde dargeboten", herausgegeben von Pastor Hinz aus Kolberg, ins Ausland. Diese Sammlung von Briefen gefangener Christen in Deutschland wurde in der Schweiz veröffentlicht. Sie erreichte in einem Jahr vier Auflagen. Mein Exemplar wollte ich rechtzeitig vor dem Grenzübergang verstecken. Wie erschrak ich, als zwei Gestapo-Beamte schon vorher meinen Wagen anhielten, nach Druckschriften fragten und ich das Büchlein noch offen auf dem Rücksitz liegen sah. Kofferraum u. a. wurden kontrolliert, aber das Büchlein fiel ihnen nicht auf. Spätere staatspolizeiliche Ermittlungen nach dem Überbringer blieben ergebnislos. Pfarrer Hinz konnte nachweisen, daß er daran nicht beteiligt war.

1938 wurde mir, wie wohl allen BK-Pfarrern, ohne jede Begründung untersagt, noch länger Religionsunterricht in den Schulen zu erteilen. Ein Einspruchsrecht bestand nicht. Darum verlängerte der Landesbruderrat zum Ausgleich den einjährigen Konfirmandenunterricht auf zwei Jahre.

Große Unruhe unter Pfarrern und Gemeinden löste das Kirchengesetz der Nationalsynode über den Diensteid der Geistlichen aus; befürchtete man dadurch doch eine politische Bindung der Pfarrer. Um hier Klarheit zu schaffen, hielt ich am 17. Juli 1938 eine „Eidbelehrungspredigt", die sich in drei Teile gliederte:
1. Der Herr der Kirche, Jesus Christus, hat seiner Gemeinde den Eid verboten, indem er spricht: „Ihr sollt überhaupt nicht schwören. Euere Rede sei ja ja, nein nein, was darüber ist, das ist vom Übel" (Matth. 5,33–37). Das heißt, eine Vereidigung der Geistlichen durch die Kirche ist verboten. Die Bindung der Prediger an ihren Herrn geschieht durch das Ordinationsgelübde.
2. Der Staat, der es mit der sündigen, von Gott abgefallenen Welt zu tun hat, braucht den Eid, da er sich auf das einfache Wort seiner Bürger nicht verlassen kann. Wenn der Staat den Eid fordert, leisten ihn die Christen den anderen zuliebe, da der Staat nicht in die Herzen sehen und darum keinen Unterschied machen kann. Dieser Eid der Geistlichen bezieht sich aber nur auf die Dinge der Amtsgeschäfte der Kirche als Körperschaft des öffentlichen Rechtes. Mit der Verkündigung, der Predigt, der Seelsorge, den Amtshandlungen u. a. hat dieser Eid nichts zu tun. Hier gilt das Ordinationsgelübde, d. h. der Gehorsam unter Gottes Wort.
3. Wie aber, wenn der Gehorsam unter den Herrn der Kirche und der Gehorsam vor den Gesetzen des Staates widereinander stehen? Was ist dann? Nichts anderes, als was für jeden Christen gilt, und was ein jeder bei einem Eid mit dem Zusatz: „So wahr mir Gott helfe" festlegt. Ohne diesen Zusatz, der eigentlich vollständig heißt: „So wahr mir Gott zur Seligkeit helfe", ist der Eid kein Eid und wertlos. Indem ich meine Seligkeit zum Pfand setze, erhält der Eid die äußerst mögliche Bindung und damit erst seinen Wert. Wenn der Eid unter Anrufung Gottes geschieht, kann durch den Eid niemals etwas wider Gottes Wort gefordert werden.
Wenn wir schließlich den Eid unter der einschränkenden Berufung auf das Ordinationsgelübde geleistet haben, so stand unsere Entscheidung dennoch im Widerspruch zur Heiligen Schrift. Damit steht fest, daß wir versagt haben. Nur drei Brüder, darunter mein Onkel, Pfarrer Paul Lenz aus Wohnbach, verweigerten diesen Eid.

1938 kam der Gauredner Wagner zu mir. Er schlug mir vor, freiwillig aus der Partei auszuscheiden; würde ich damit doch lediglich meinem drohenden Ausschluß zuvorkommen. Bald danach wiederholte der Vorsitzende des NS-Gaugerichtes, Freiherr von Lyncker, bei einem parteiamtlichen Besuch diesen Vorschlag. Beim Gaugericht würden bereits mehrere Bände Belastungsmaterial der NSDAP und der Gestapo gegen mich vorliegen. Daß er die Wahrheit gesagt hatte, bestätigte mir 1947 der ehemalige Gaurichter C. C. Weise. Wagner und von Lyncker gaben beide zu, daß die Parteiverfahren gegen mich verhängt worden waren, weil ich für die BK arbeitete und mich für sie einsetzte. Sie wollten mir freilich weniger den – aus ihrer Sicht – peinlichen Ausschluß aus der Partei ersparen, sondern vor allem die bei meinem Ausschluß befürchtete Unruhe in der Öffentlichkeit vermeiden.

Beide Gespräche verliefen sehr sachlich und voller Verständnis für meine Haltung. Trotzdem lehnte ich die Vorschläge ab. Bei meinem Eintritt in die Bekennende Kirche 1934 hatte mir der Landesbruderrat empfohlen, nicht freiwillig aus der Partei auszutreten, sondern wie alle anderen Parteigenossen unter den BK-Pfarrern den Kampf gegen die NS-Weltanschauung auch innerhalb der Partei zu führen und sichtbar zu machen. Weil sich die Parteigerichte aber scheuten, klar und deutlich diese unüberbrückbaren weltanschaulichen Gegensätze als Grund für das Verfahren anzugeben, hatte ich bisher mit Erfolg allen Ausschlußverfahren begegnen können.

Am 2. Juni 1939 schloß mich dann der Gauleiter durch eine „Einstweilige Verfügung" aus der NSDAP aus.

„Gründe: Lt. Anklageschrift des Oberstaatsanwalts als Leiter der Anklagebehörde bei dem Sondergericht in Darmstadt vom 31. Mai 1939 haben Sie

I. Im Frühjahr 1938 oder um diese Zeit in Münzenberg öffentliche hetzerische Äußerungen über Anordnungen leitender Persönlichkeiten des Staates gemacht, die geeignet sind, das Vertrauen des Volkes in die politische Führung zu untergraben, und in Tateinheit hiermit

II. als Geistlicher in Ausübung oder in Veranlassung der Ausübung Ihres Berufes Schriftstücke ausgegeben und verbreitet, in welchen Angelegenheiten des Staates in einer den öffentlichen Frieden gefährdenden Weise zum Gegenstand einer Verkündung oder Erörterung gemacht sind. So haben Sie unter Mitwirkung mehrerer Pfarrvikare und Pfarrverwalter in Ihrem Pfarrhaus etwa 2000 Stück der Druckschriften mit den Überschriften ‚Martin Niemöller im Konzentrationslager' und ‚Wer ist Martin Niemöller?' vervielfältigt und die von Ihnen hergestellten Druckschriften an verschiedene der Bekenntnisfront angehörende Pfarren in Oberhessen und Starkenburg versandt.

In dieser Druckschrift ist der Fall ‚Pfarrer Niemöller', seine Verurteilung und seine Inschutzhaftnahme gänzlich einseitig dargestellt mit der Tendenz, die Unzufriedenheit und den Widerstand der Bevölkerung gegen Maßnahmen des Staates auf kirchenpolitischem Gebiet hervorzurufen (Vergehen nach § 130 Abs. 2 des Strafgesetzbuches, § 2 des Gesetzes gegen heimtückische Angriffe auf Staat und Partei und zum Schutz der Parteiuniform vom 20. Dezember 1934).
Mit dieser strafbaren Handlung haben Sie gleichzeitig den Bestrebungen der NSDAP zuwidergehandelt. Ihr sofortiger Ausschluß aus der Partei ist daher notwendig.
Gegen diese Verfügung ist... ein Einspruch zulässig... i. V. gez. Linder" (Stellvertreter des Gauleiters).
Gegen diese Verfügung erhob ich Einspruch, den ich so begründete:
„1). Zu der von Ihnen zitierten Anklageschrift des Oberstaatsanwaltes, die mir bis jetzt nicht zugestellt worden ist, vermag ich keine Stellung zu nehmen, da aus den ungenauen Angaben nicht ersichtlich ist, worum es sich handelt. Ungenaue Angaben nehmen einer Verfügung die Begründung, einem Einspruch aber geben sie diese.
Zu Nr. 2: Die mir hier vorgeworfene Handlung geschah, wie Sie selber schreiben (‚als Geistlicher in Ausübung... Ihres Berufes') in Bindung an mein Ordinationsgelübde. Dieses aber steht bis heute noch in voller Geltung, was auch von seiten des Staates und seiner Organe bis jetzt nicht bestritten worden ist.
Wenn der von mir verbreiteten Druckschrift über Pfarrer Niemöller die ‚Tendenz zugeschrieben wird, die Unzufriedenheit und den Widerstand der Bevölkerung gegen Maßnahmen des Staates auf kirchenpolitischem Gebiet hervorzurufen', so muß ich demgegenüber darauf hinweisen, daß eine Information der Pfarrer und Gemeinden dadurch gefordert erschien, daß die öffentliche Berichterstattung über den Fall Niemöller nur unvollständig und daher wilden Gerüchten Tor und Tür geöffnet war, daß die Pfarrer und Gemeinden nach kirchlichem Herkommen zur Fürbitte für die Gefangenen der Kirche verpflichtet sind und daher wissen mußten, in welcher Lage sich Martin Niemöller befand, und daß er wirklich um des Evangeliums willen gefangen war. Die von mir verbreitete Druckschrift hat den Fall Niemöller meines Erachtens in einer durchaus objektiven Weise behandelt.
Sollte der Gauleiter bei seinem Entscheid bleiben, müßte ich daraus schließen, daß hier der Versuch vorliegt, mich ‚als Geistlichen in

Ausübung seines Berufes' nach Grundsätzen zu beurteilen, die von keinem Geistlichen, der sich im Dienste Jesu Christi und seiner Kirche durch das Ordinationsgelübde um seiner Seligkeit willen gebunden weiß, anerkannt werden können."

Als mir der NS-Präsident des Landeskirchenamtes Berichte zurückschickte, die auch ich zum Zeichen des Widerstandes über den Landesbruderrat eingereicht hatte, auf direkter Vorlage bestand und schließlich eine Ordnungsmaßnahme androhte, schrieb ich in einem 7. Protestschreiben 1938: „Wir sind gehalten, die uns im Ordinationsgelübde und in der Ordnung der Bekennenden Gemeinde gesetzte Bindung einzuhalten... Hiervon können wir nicht weichen... Bei Anwendung von ‚Ordnungsmaßnahmen' einer sich kirchenregimentliche Befugnisse anmaßenden Stelle werden wir die Angelegenheit vor unsere Gemeinde bringen."
Von einer Ordnungsstrafe war daraufhin nicht mehr die Rede, und die Berichte wurden weiter über den LBR eingereicht.
Am 13. Mai 1939 schrieb ich demselben Präsidenten, als er gegen mich vorgehen wollte, weil ich im Auftrag des LBR „verbotene Ordinationen" vorgenommen hatte: „Ich muß Ihnen absprechen, in einen Akt geistlicher Leitung hineinzureden, da... Sie doch wissen müssen
1. daß ich als BK-Pfarrer Ihnen solches grundsätzlich nicht zugestehen kann,
2. daß Ihnen Kirchenminister Kerrl solches abgesprochen hat,
3. daß Sie fast alle Pfarrer (87 Prozent) gegen sich haben,
4. daß nach der schamlosen Übernahme der ‚Godesberger Erklärung' eine Anerkennung landeskirchlicher Ordinationen schon gar nicht mehr in Frage kommt (die Deutschen Christen hatten in dieser Erklärung erneut die ‚artgemäße NS-Weltanschauung' auch für die Kirche für verbindlich erklärt und das internationale Kirchen- und Judentum verdammt),
5. daß ich Sie für etwaige Folgen in der Haltung meiner Gemeinde Ihnen gegenüber verantwortlich mache, falls man sich einfallen lassen sollte, gegen mich vorzugehen,
6. daß ich Ihnen die geforderte Angabe der an der Ordination Beteiligten nicht geben kann."

1938 und 1939 stellten Amts- und Landgericht vier gegen mich laufende Strafsachen ein, wonach ich gegen das Sammlungs- und Pressegesetz „gemäß Gnadenerlaß des Führers" verstoßen haben sollte.

Wegen der immer bedrohlicher werdenden Kriegsgefahr hatte die „Vorläufige Kirchenleitung" (VKL der BK) Bittgottesdienste zur Erhaltung des Friedens angesetzt und dafür eine „Gebetsordnung" entworfen. Darin folgte einem Schuldbekenntnis eine Klage über „die Sünden des Volkes". Außerdem wurde der Krieg als „Strafe" bezeichnet. Die dafür Verantwortlichen gerieten deswegen in schwere Bedrängnis und die Bekennende Kirche sogar in einen inneren Zwiespalt, der sie in den Jahren 1938 und 1939 am gemeinsamen Handeln hinderte. Weil unser Landesbruderrat diesen Bittgottesdienst nicht verbindlich ansetzte, wurde er nur in einzelnen BK-Gemeinden geplant, darunter auch in meinen beiden Gemeinden. Nachdem es aber durch die Anpassungspolitik der Engländer diesmal noch nicht zu einer direkten Konfrontation gekommen war, konnte dieser Gottesdienst nicht wie vorgesehen durchgeführt werden. Dafür veranstalteten wir an einem der nächsten Sonntage einen Dank- und Bittgottesdienst für den uns erhaltenen Frieden.

Nach der Ermordung eines deutschen Botschaftsangestellten in Paris durch einen Juden kam es in der sogenannten „Kristallnacht" am 8. und 9. November 1938 zu einem Judenpogrom, angeblich eine „Reaktion des empörten Volkswillens". Die Synagogen wurden überall ungestraft niedergebrannt, Eigentum zerstört und Sich-Widersetzende verhaftet. Die Synagoge in Münzenberg, die mitten im engen alten Stadtkern lag, konnte wegen der Brandgefahr für die nähere Umgebung nicht angesteckt werden. Deshalb wurden die Kultgegenstände (Schriftrollen u. a.) durch auswärtige Kommandos, die „mit einem Regierungsauto aus Darmstadt und einem Auto vom Landratsamt Friedberg" gekommen waren, leider auch unter Beteiligung einiger weniger Münzenberger, auf der Straße vor der Synagoge verbrannt. Die Waren jüdischer Geschäfte wurden auf die Straße geworfen. Ich war damals mit meiner Frau verreist.
Aber nicht alle haben geschwiegen! Hermann Buß, ein frommer und bekennender Christ, protestierte und warnte die Synagogenschänder an Ort und Stelle: „Irret euch nicht, Gott läßt sich nicht spotten!" Die beteiligten Münzenberger wurden nach dem Zusammenbruch zu Gefängnisstrafen verurteilt.
Einzelne Kirchenführer, darunter der württembergische Landesbischof Wurm, richteten ernste Worte in Predigten an die Öffentlichkeit und in nicht veröffentlichten Protestschreiben an Hitler und andere Verantwortliche. Aber „das einmütige und volltönende Zeugnis der Kirche kam nicht zustande", wie etwa beim Euthana-

sieprogramm der Nationalsozialisten, wo durch den Einspruch von Kirchenführern die Tötung „unwerten Lebens" (Euthanasie) eingestellt wurde.
Ich erinnere in diesem Zusammenhang daran, daß der Leiter der Anstalten von Bethel, Pastor Fritz von Bodelschwingh, durch seinen entschiedenen Protest und den entschlossenen Einsatz seiner Person erreicht hatte, Tausende seiner Kranken vor dem angekündigten „Gnadentod" durch das NS-Regime zu bewahren. „Wir hatten Angst davor", schrieb der unerschrockene Pfarrer von Jan, der wegen seiner Protest-Predigt ins Konzentrationslager kam, „die empfindlichste Stelle des damaligen Regimes zu berühren".
So ballte auch ich wie viele die Faust in der Tasche, gab bei Gleichgesinnten meiner Empörung Ausdruck, habe die Juden weiter gegrüßt, sie heimlich mit Lebensmitteln unterstützt, nichtarischen Gliedern der Kirche selbstverständlich seelsorgerlich beigestanden und sie getraut. Die Zerstörung der Synagogen habe ich im Gottesdienst erwähnt. Mein Onkel Paul Lenz, BK-Pfarrer im benachbarten Wohnbach, „nahm in seiner Predigt am Sonntag nach der Kristallnacht Stellung zu den Ereignissen. Er bezeichnete die Verbrennung der Synagogen und die Ausschreitungen gegen die jüdischen Mitbürger als ‚dumm, feige und sündig'.
Paul Lenz wurde deshalb einige Tage später von der Geheimen Staatspolizei abgeholt und in das Gefängnis des Landgerichts Gießen gebracht. Dort hielt man ihn 15 Tage lang fest. Bei den Verhören drohte man mehrmals, ihn in ein Konzentrationslager zu bringen. Die Unsicherheit der Nazis nach dem 9. November 1938 zeigte sich aber u. a. auch darin, daß meinem Onkel kein Prozeß gemacht wurde und man ihn schließlich nach Hause zurückkehren ließ."[4]
Die Kristallnacht öffnete den Juden die Augen über die wahre Absicht des Nationalsozialismus, und viele bemühten sich erst jetzt um ihre Auswanderung.
1941 mußten die Juden Münzenberg verlassen. Sie wurden in einem jüdischen Altersheim in Bad Nauheim längere Zeit in Quarantäne gehalten. Wie sich ihr Schicksal weiter gestaltete, ist damals nicht bekanntgeworden. Wieder richteten Kirchenführer entschlossene, aber vertrauliche Petitionen und Proteste an Hitler und andere Verantwortliche „gegen diese Maßnahmen, die in schroffem Widerspruch zu den Geboten stehen" und „ein göttliches Strafgericht über Deutschland" bringen werden. Eine Aufforderung zum öffentlichen Bekennen und Protestieren der Gemeinden aber blieb aus. Hinzu kam, daß die meisten BK-Pfarrer, darunter wohl alle

Jungtheologen, durch den Kriegsdienst von ihren Gemeinden getrennt waren.

Die Masse des Volkes erfuhr tatsächlich nichts über das weitere Schicksal der Juden. So hatte auch ich als Soldat keine Ahnung von dem geplanten Massenmord. Heute wird diese Aussage manchen in Erstaunen setzen. Aber es ist eine Tatsache, daß alle diese Aktionen unter größter Geheimhaltung durchgeführt wurden. Damit sind wir Christen freilich nicht freigesprochen. Es bleibt unsere Schuld, von Anfang an unseren jüdischen Mitbrüdern nicht so beigestanden zu haben, wie sie es von uns hätten erwarten können.

Viele Jahre nach dem Kriegsende habe ich festgestellt, daß sich von den dreiundzwanzig Juden in Münzenberg sechzehn durch Emigration retten konnten. Eine getaufte „Jüdin", die einen „Arier" geheiratet hatte, konnte sich als „Nichtjüdin" auswärts verbergen und überlebte auf diese Weise. Sieben Juden wurden deportiert und kehrten nicht zurück. In Trais-Münzenberg hatten keine Juden gelebt.

Bei Kriegsausbruch am 1. September 1939 entfernte ich aus dem Kirchenblatt in meinen Gemeinden einen für das gesamte Kirchengebiet eingelegten „Ruf zur Bereitschaft" des landeskirchlichen Schriftleiters, in dem es u. a. hieß: „Es kann keinen Deutschen geben, der in diesen Tagen nicht mit heißem Herzen und mit ganzer Seele hinter dem Führer und den Männern seines Vertrauens steht." Ich teilte ihm dazu mit: „Ihren Aufruf habe ich ... nicht verteilen können, da die Kirche ... einen anderen Auftrag hat. Bei einer Verwechslung der Aufgaben wird weder der Kirche noch dem Staat gedient." Der Schriftleiter wandte sich daraufhin an den Landesbruderrat (den er als Kirchenleitung nicht anerkannte), da er wegen „zahlreicher Proteste von BK-Pfarrern den Zusammenbruch seiner Arbeit in Oberhessen befürchtete". In einer „langen, sehr deutlichen Aussprache" „wurde offenbar, ... daß die Bekennende Kirche und seine Haltung himmelweit auseinander und wir ... verschiedener Konfession seien".

Für den Bußtag des Jahres 1939 hatte ein Führererlaß verfügt: „Der dem Deutschen Volk aufgezwungene Kampf nötigt zur Anspannung aller Kräfte. Aus diesem Grunde wird in diesem Jahr der auf Mittwoch fallende Bußtag auf Sonntag (Totensonntag) verlegt." Weil wir die Gottesdienste meiner beiden Gemeinden unverändert am Bußtag feiern wollten, rief mich eine Stunde vor Gottesdienstbeginn der neue Gestapoleiter aus Gießen an. Notiert habe ich mir

damals: „Der Ton des Anrufers war mehr als frech. Einen so hemmungslosen Haß habe ich, der ich doch schon oft... (ähnliches erfahren) habe, noch nie erlebt. Ich widerstand nach anfänglichem Überraschtsein... fest und ruhig. Schimpfereien über das Alte Testament verbat ich mir mit dem Bemerken, daß er wohl das AT nicht kenne, weil er so rede. Begründungen über meinen Einsatz für die Kirche... (kamen nicht an)."
Zwanzig Minuten vor Beginn des Gottesdienstes traf ein Telegramm des NS-Kirchenregimentes ein. Darin hieß es: „Kreisleiter Gießen meldet, daß Sie heute 11 Uhr Gottesdienst halten. Infolge Führererlaß fallen Vormittagsgottesdienste am 22. November aus."
Weil der Gottesdienst wegen der Presseveröffentlichungen sehr schwach besucht war, verlegten wir ihn auf den Abend. Doch selbst wegen des Glockengeläuts gab es noch ein Nachspiel. „Einige Tage später... nahm mich die Gestapo zu Protokoll. Ich habe ihnen ein deutliches Protokoll diktiert, da... in vielen Städten und Dörfern der Umgegend... die Gottesdienste ungehindert stattgefunden hatten... Die Beamten waren bei diesem Verhör, das der sonst so unfreundliche Schneider, mit dem ich schon viele Auseinandersetzungen hatte, leitete, freundlich... Als der Bürgermeister wieder in das Büro kam, wollte Schneider mich ermahnen... Darauf verließ ich, ihn stehen lassend, den Raum. Er wollte sich vor dem Bürgermeister sichern." Im übrigen blieb diese Angelegenheit, die von einem fanatischen Junglehrer veranlaßt worden war, ohne Folgen.

3. Mein Kriegs- und Pfarrdienst in Münzenberg

Seit Kriegsbeginn versuchte man, die Arbeit der Bekennenden Kirche zu lähmen, indem man die Pfarrer, besonders aber die illegalen Jungtheologen, einzog. Ich wurde ein Jahr früher als die Angehörigen meines Jahrgangs 1902 am 17. April 1940 zur Luftnachrichtentruppe einberufen. Viele Gemeindeglieder meinten damals, daß die Partei auf diese Weise nun endlich meinen Pfarrdienst beendet hätte.

Ein wohlwollender Dekan setzte auf Antrag der Kirchenvorstände meinen Vater als Verwalter der beiden Pfarreien ein. Die NS-Regierung hatte ihn 1939 als Diakonissenhausvorsteher und BK-Pfarrer in Darmstadt abgesetzt und das NS-Kirchenregiment vorzeitig seinen Ruhestand verfügt. Danach hatte er die illegale, hartbedrängte BK-Gemeinde in Gießen betreut, bis ihr Versammlungsraum durch die Gestapo geschlossen worden war. Mein Vorgänger im Pfarramt, ebenfalls Mitglied der Bekennenden Kirche und Religionsstudienrat im Staatsdienst, half ihm jetzt, wo er nur konnte. Aber dieser Dienst wurde ihm bald verboten. Wiederum nahmen viele an, daß dieses Verbot in Münzenberg angeregt worden war. Jetzt erfüllte mein Kompanieführer mir die Bitte, mich bei der Flugwache in Münzenberg einzusetzen. So konnte ich in meiner dienstfreien Zeit meinen alten Vater unterstützen. Zur allgemeinen Überraschung kehrte ich also nach einigen Wochen in meine Gemeinden zurück. Über vier Jahre war mein Doppeldienst als Soldat und Pfarrer den Gemeinden willkommen, mir eine, wenn auch anstrengende Freude, der NSDAP aber ein ständiges Ärgernis. Ein führender Nationalsozialist aus Münzenberg bemerkte dazu: „Der Lenz gehört auf dem Burgturm aufgehängt!"

Die Partei ließ es sich nicht nehmen, mich auch während meines Kriegsdienstes bei der Gestapo anzuzeigen. Neu war lediglich, daß ich nicht mehr durch die Gestapo, sondern auf der Gendarmeriestation vernommen wurde. Der wohlwollende Gendarmeriewachtmeister Dienst aus Rockenberg ließ mich die Vernehmungsproto-

kolle schreiben oder meine Aussagen mitstenographieren. Nach meinen Unterlagen waren es damals folgende Anzeigen:
1. Der zum Kriegsdienst eingezogene Pfarrer Lenz leistet in Zivil Pfarrdienst.
2. Heben einer verbotenen Kollekte in Eberstadt. (Ich hatte damals eine Kollekte für die Jungtheologen der BK erhoben, die im Kollektenplan nicht vorgesehen war.)
3. Übertretung der Luftschutzbestimmungen beim Silvesterabendgottesdienst.
4. Der Reichsminister für kirchliche Angelegenheiten hatte den Himmelfahrtstag „mit Rücksicht auf die Erfordernisse der Kriegswirtschaft" vom Donnerstag auf den nächsten Sonntag verlegt. „Aufforderungen zum Ungehorsam oder Zuwiderhandlungen gegen diese Verordnungen werden, sofern nicht die Tat... mit schweren Strafen bedroht ist, mit Geldstrafe in unbeschränkter Höhe bestraft."
Eine Anzeige warf mir vor, diesen Tag wie einen Sonntag eingeläutet und am Tage selbst Abendgottesdienste gehalten zu haben. „Die Bauern sollen grundsätzlich nicht auf den Feldern gearbeitet haben, was auf Machenschaften des Pfarrers Lenz zurückgeführt wird."
5. „Verstoß gegen die Verordnung zur Einsparung von Heizmaterial im Kriegswinter 1941/42." Ich gab zu Protokoll: „Während wir die Gottesdienste u. a. Veranstaltungen der Gemeinde nicht in den Kirchen, sondern in kleineren Räumen und Häusern hielten, wurden sie in den anderen Gemeinden unbehindert in Kirchen und Sälen gehalten. Die Gastwirtschaften aber, auch die des eingezogenen Ortsgruppenleiters, sind trotz größter Leere weiterhin geheizt."
6. Verlesung eines vor antichristlichen Tendenzen warnenden Briefes des damals erfolgreichsten Jagdfliegers, Oberst Mölders, bei dem Begräbnis eines im Lazarett gestorbenen Gemeindegliedes.

Mein Kompaniechef, Major Leonhardt aus Gießen, schrieb mir 1946 in einer eidesstattlichen Erklärung: „Pfarrer Lenz... nahm die schwere Doppelbelastung, neben seinem Militärdienst auch die Seelsorge seiner Gemeinden... durchzuführen, gerne auf sich, da er sich innerlich getrieben fühlte, auch unter den größten persönlichen Opfern allen Widerständen zum Trotz das religiöse Leben... in seinen Gemeinden wachzuhalten. Dabei waren viele Schwierigkeiten zu überwinden... Mir lagen mehrere Anzeigen vor, in denen Herr Lenz antinationalsozialistischen Wirkens beschuldigt und seine Versetzung für unbedingt erforderlich gehalten wurde. Auch hö-

here militärische Stellen wurden mit Schreiben überschüttet. Da jedoch gegen Herrn Lenz keine Einwendungen gemacht werden konnten, lag kein Grund vor, gegen den Genannten vorzugehen."
Bei einem Lehrgang meiner Kompanie hatte man mich mit den Worten angekündigt: „Morgen kommt der Staatsfeind Lenz von Münzenberg!" Deswegen meldete ich mich dann öffentlich vor zahlreichen Kameraden: „Staatsfeind Lenz von Münzenberg zur Stelle!" Das hinderte die Lehrgangsteilnehmer freilich nicht, mich zu ihrem Sprecher zu machen. Der Lehrgangsleiter aber, der bis zu seiner Einberufung stellvertretender Kreisleiter der NSDAP in meinem Landkreis gewesen war, ließ mich immer wieder seinen Haß spüren.
Wiederholte Aufforderungen des Majors, an einem Reserveoffizierslehrgang teilzunehmen, lehnte ich ab, weil ich wegen meines Ausschlusses aus der Partei und der SA-Reserve von vornherein als „staatspolitisch unzuverlässig" abgelehnt worden wäre. Zwei meiner BK-Vikare hatte man bereits als Offiziersbewerber abgelehnt. Einer berichtete am 9. September 1942 von der Ostfront, daß die Gestapo seinem Kommandeur geschrieben habe, er wirke in Münzenberg „als Hilfsprediger des berüchtigten Bekenntnispfarrers Lenz".
So blieb ich Feldwebel, was mir ohnehin lieber war. Schon vor dem Krieg hatte mich ein Major mehrmals aufgefordert, an Reserveoffizierslehrgängen teilzunehmen. Obwohl ich kein Militärdienstverweigerer war, lehnte ich schon damals ab. Denn unter Hitler wollte und konnte ich freiwillig keinen Militärdienst tun.
Bei Erlaß des berüchtigten „Nacht- und Nebelerlasses" Hitlers – danach durften sich ergebende Fallschirmspringer und „Sabotagekommandos" nicht gefangengenommen, sondern mußten „niedergemacht" werden – habe ich meinem Vorgesetzten erklärt, daß ich als Christ einem solchen Befehl nicht folgen kann.
Mein 1942 versetzter Kompaniechef wollte mich als Lehrer an eine Luftnachrichtenschule mitnehmen. Ich lehnte ab. Ob er mich der drohenden Schutzlosigkeit entziehen wollte?
Der neue Kompanieführer, der wie sein Vorgänger alter Pg und ein korrekter Vorgesetzter war, schlug im Oktober 1942 meine Ernennung zum „Kriegspfarrer" vor. Wollte er auf diese Weise den Streit mit der Partei um meine Person beenden? Weil ich im Fragebogen meinen Ausschluß aus der Partei und der SA-Reserve angeben mußte, schrieb ich an ihn: „... daß alle Bemühungen bei den Parteistellen, der Gestapo und dem Kirchenregiment, das von der Partei

abhängig ist, zwecklos sein werden. Von dort ist keine sachliche Behandlung zu erwarten... Drei Stellen werden ihr Urteil abzugeben haben, aber keine Stelle ist anders als die andere. Daran, daß die Pfarrer, die sich an ihr Ordinationsgelübde gebunden wissen, heute geächtet sind, läßt sich nichts ändern. Wir tragen das, weil wir nichts anderes zu erwarten haben, und ohne uns in unserem Verhältnis zu Volk und Vaterland verrücken zu lassen." Spätere Notiz: „Trotz der angegebenen Parteiausschlüsse kam ich auf die Liste der Kriegspfarrer. ‚Allerdings ist der Bedarf vorerst gedeckt.'"

Ein Gemeindeglied hatte ungewollt und unbemerkt vor der Tür des Bürgermeisterbüros gehört, wie in einem Gespräch zwischen dem Ortsgruppenleiter und dem Bürgermeister die Bemerkung fiel: „Es ist höchste Zeit, daß diese Drückeberger (gemeint war die Flugwache) an die Front kommen." Ich forderte sofort den Bürgermeister telefonisch zur Zurücknahme der Beleidigung meiner Kameraden auf. Als dieser schroff ablehnte und von mir verlangte, ihm den Namen meines Zeugen preiszugeben, weil er mich sonst bei der Gestapo anzeigen wollte, erstattete ich Meldung bei der Kompanie. Diese zwang die NS-Funktionäre, die Beleidigung zurückzunehmen.
Wahrscheinlich ist es aber auf diesen Vorgang zurückzuführen, daß die Gestapo über Weihnachten und Neujahr 1942/43 eine vierzehntägige Briefzensur verhängte. Aber ich tappte nicht in diese gefährliche Falle. Poststellenleiter Steul aus Münzenberg hatte mir Beginn und Ende der Kontrolle verraten. Die versteckt gekennzeichneten Poststücke, die mir nach Abschluß der Kontrolle zugestellt wurden, besitze ich heute noch.
Nach diesem Mißerfolg erzwang die Partei meine Versetzung. Nun hatte zwar der Major voller Empörung gemeint: „Kamerad Lenz, der Kreisleiter hat mich Ihretwegen zu sich bestellt. Dem werde ich es stecken!" Doch ich ahnte schon, was ihn erwartete, und warnte ihn: „Herr Major, dort werden Sie über mich allerlei hören können."
Nach seiner Rückkehr ließ er sich erschüttert auf seinen Sessel fallen: „Kamerad Lenz, was ich da über Sie, Ihren Vater und Ihren Onkel (auch ein Pfarrer der BK in Oberhessen) gehört habe! Ich kann Sie nicht mehr halten." – „Herr Major, ich habe es Ihnen ja gesagt. Sie brauchen mich nicht zu halten. Ich kann an die Ostfront gehen und dort fallen wie die anderen. Nur freiwillig tue ich das nicht!"

So wurde ich Anfang Juli 1944 nach vierjährigem Doppeldienst als Soldat und Pfarrer in Münzenberg mit 38 Kompaniekameraden, die ich führte, an das Heer überstellt. Damit hatte die Partei nach zehnjährigem Kampf nicht nur meinen Ausschluß aus der Nationalsozialistischen Deutschen Arbeiterpartei und SA-Reserve, sondern auch meine Entfernung aus meinen beiden Gemeinden und meiner Kompanie erreicht. Von da ab hatte sie kein Interesse mehr an mir. In Hersbruck wurde ich, Gott sei Dank, niemals nach meinem Verhältnis zum Nationalsozialismus und zur NSDAP gefragt. Rückfragen bei der Gauleitung in Hessen hätten für mich katastrophale Folgen gehabt.

Zehn Jahre lang hatte man mich ununterbrochen bedrängt, hatte immer wieder gedroht, mich in ein KZ einzuliefern. All das wäre aus eigener Kraft kaum zu ertragen gewesen. Eine Hausangestellte verließ uns, weil sie es „nicht mehr aushalten konnte". Mein vierjähriger Sohn bat mich vor der Abfahrt zu einer Bekenntnisversammlung: „Vati, geh nicht nach...! Dort sind böse Männer, die stecken dich ins Bekenntnis." In kindlicher Naivität hatte er die beiden oft gehörten Worte „Gefängnis" und „Bekenntnis" verwechselt.

Es waren unruhige und beängstigende Zeiten mit zahllosen turbulenten Zwischenfällen in Pfarrhaus, Gemeinde und Kirche. Aber es waren auch gesegnete Zeiten getrosten Glaubens und Bekennens für die Bekennende Kirche, die Pfarrbruderschaft, meine beiden Gemeinden, für meine tapfere Frau und für mich.

Auf dem Flugplatz Hagenow, wo ich Kompaniefeldwebel war, wurden alle Soldaten vom Jahrgang 1906 an zur Ostfront geschickt. Ohne jede Fronterfahrung erlitten sie dort schwerste Verluste. Die Jahrgänge 1901–1905, also auch ich, sollten zur Gefangenenbewachung eingesetzt werden. Damit waren wir zufrieden; stellten wir uns doch darunter – ahnungslos wie wir waren – Wachdienst in einem Kriegsgefangenenlager vor.

Unangemeldet fuhren wir mit 1100 Mann zum Truppenübungsplatz Jüterbog. Dort hielt uns der Kommandeur einige Tage nach dem Attentat auf Hitler am 20. Juli 1944 und dem Aufruf zum totalen Einsatz eine anfeuernde Ansprache, die wir über uns ergehen ließen. Die Bibeltexte für diese Tage waren voll überwältigender Aktualität und mir eine Quelle des Geborgenseins und der Kraft; z. B. Jeremia 1,8–9: „Fürchte dich nicht vor ihnen, denn ich bin mit dir! Siehe, ich lege mein Wort in deinen Mund, spricht der Herr." Oder: Psalm 115, 84, 86; Jeremia 1,1–10; 17,5–14.

Es folgte ein sinnloser Katastropheneinsatz in den total zerbombten Junkersflugzeugwerken bei Dessau. Dort konnte ich mit meinem Kompanieführer, der vorher als „NS-Führungsoffizier" die politische Schulung einer Einheit zu leiten hatte, nach anfänglicher Spannung offene Gespräche über den Kirchenkampf und meinen Ausschluß aus der Partei führen.

An jedem Sonntag besuchte ich mit meinen Kameraden den nächstgelegenen Gemeindegottesdienst. Mit Ausnahme einer deutschchristlichen Predigt wurden wir durch die „Frohe Botschaft" gestärkt. In Jüterbog-Damm bot mir der Flugplatzkommandant zweimal an, in Damm zu bleiben. Bestimmt wußte er von unserem kommenden Einsatz in Hersbruck. Ich lehnte sein Angebot ab, weil ich bei meinen Kameraden bleiben wollte, mit denen ich mich hervorragend verstand.

4. Als Schreiber im Konzentrationslager Hersbruck

24 Tage unter Kommandoführer Fügner

So führte ich 47 Kameraden, darunter nur noch 16 aus meiner Heimatkompanie, nach Hersbruck, wo wir am 17. August 1944 eintrafen. Noch immer waren wir vollkommen ahnungslos. Auf zwei Fragen zum „Kriegsgefangenenlager" bekamen wir merkwürdige Antworten. Erst als ich an der Kaserne hinter einem hohen Zaun mit Stacheldraht Häftlinge in „Zebrakleidung" sah, wußte ich, daß wir in einem KZ waren. Die Kameraden erschraken. Sie wußten wie alle Deutschen seit 1933, daß es Konzentrationslager in Deutschland gab, in die Menschen ohne Gerichtsverfahren, ohne Angabe der Haftdauer aus politischen u. a. Gründen eingesperrt wurden. Was aber tatsächlich in den Konzentrationslagern vor sich ging, blieb unbekannt. Über diese Lager war eine totale Nachrichtensperre verhängt worden, und entlassene KZ-Häftlinge zwang man, einen Revers zu unterschreiben, in dem sie sich zu vollkommenem Schweigen verpflichten mußten, wollten sie nicht erneut in das KZ eingeliefert werden.

Diese Rechtsunsicherheit führte zu einer weitverbreiteten, von den Nationalsozialisten absichtlich geschürten Angst, eine andere als die nationalsozialistische Meinung zu vertreten. Wenn Menschen es wagten, sich in irgendeiner Form gegen das Naziregime zu äußern, mußten sie damit rechnen, in ein KZ gebracht zu werden. So erging es vielen bei oft nur geringfügigen Anlässen. Andere wiederum blieben trotz jahrelangen Bekennens davor bewahrt, weil es die Partei aus taktischen Gründen nicht wagte, den Widerstand aus Glaubensgründen radikal zu brechen.

Damals ging unter uns BK-Pfarrern das sarkastische Wort um: „Nach dem Dritten Reich werden wir Pfarrer gefragt werden: ,Waren Sie im Konzentrationslager? Wenn nein, warum nicht?'" Bezeichnend auch, was Goebbels einmal während des Krieges sagte: „Nach dem Sieg wird der Führer alle BK-Pfarrer in Konzentrationslager einsperren."

Aber nun waren wir nicht in, sondern an einem Konzentrationsla-

ger; am SS-Arbeitslager Hersbruck, dem wohl größten unter den 96 Außenlagern des KZ Flossenbürg in der Oberpfalz.[1]
Die Stadt Hersbruck liegt etwa dreißig Kilometer östlich von Nürnberg am Eingang der „Hersbrucker Schweiz". Das Lager hatte man am Ostrand der Stadt zwischen Amberger Straße und Pegnitz auf dem Gelände einer ehemaligen Baumschule errichtet. Davor stand eine Kaserne, die früher zum Reichsarbeitsdienst gehört hatte. Hier waren Kommandoführer und die Wachkompanie mit 600 Mann untergebracht. Die Häftlinge mußten auf der Baustelle Houbirg arbeiten, die etwa vier bis fünf Kilometer vom Lager entfernt war. Sie bauten in drei Schichten gemeinsam mit den Insassen eines Deportierten- und eines SS-Straflagers in Happurg in dem steilen und mächtigen Felsenrücken Houbirg eine unterirdische, „bombensichere" Fabrik für Flugzeugmotoren.
„Das Bauvorhaben (wurde im Februar 1945) von 80000 qm (unterirdischer Produktionsfläche) auf 4000 qm heruntergesetzt", nachdem einige tausend Menschen zu Tode gekommen, viele tausend zugrunde gerichtet und „10 Millionen Reichsmark verbaut worden waren". „Das Barackengelände (war) 25 Morgen" (62500 qm) groß.[2] Die gesamte Organisation lag in den Händen des SS-Führungsstabes und der Bauleitung in Happurg.
Beim SS-Führungsstab bin ich während meiner Dienstzeit in Hersbruck zweimal mit einem Botenauftrag gewesen. Die Baustelle und das Konzentrationslager Flossenbürg habe ich erst nach dem Krieg mit meiner Frau besichtigt.
Als ich in das Lager kam, also im August 1944, waren dort „1900 politische und kriminelle Häftlinge: Franzosen, Italiener, Litauer, Deutsche, Belgier, Ungarn, Juden, Ukrainer, Kroaten, Russen, Polen usw."[3]
Später stellte ich fest, daß die Häftlinge aus 23 Nationen kamen, einige sogar aus Staaten, mit denen sich das Dritte Reich nicht im Kriegszustand befand. Die Mehrzahl der Häftlinge gehörte zu den „Politischen", also zu denen, die man wegen ihrer Gegnerschaft zum Nationalsozialismus in „Schutzhaft" genommen hatte. Sie trugen ein rotes Dreieck auf ihrem Kittel. Zu ihnen gehörten die zahlreichen ausländischen „Zwangsarbeiter" und auch die Juden, deren Kennzeichen in Hersbruck nicht der gelbe „Judenstern", sondern das rote Dreieck der „Staatsfeinde" war. Deshalb konnte man sie als Juden nicht erkennen.
Unter den grün gekennzeichneten „Kriminellen" gab es so gut wie keine Ausländer. Sie stellten die „Kapos"; sicherlich nicht aus na-

tionalen, möglicherweise aus sprachlichen Gründen, vor allem aber wohl, weil die SS von ihnen mehr Härte und SS-Hörigkeit erwarten konnte.

„Asoziale" mit schwarzem Dreieck und Homosexuelle mit rosa Dreieck gab es in unserem Lager nur wenige, „Ernste Bibelforscher" mit violettem Dreieck, die wegen Kriegsdienstverweigerung in KZ-Lagern waren, m. W. überhaupt nicht.

Meine Notiz vom zweiten Tag: „Was soll ich dazu sagen?" läßt ahnen, wie innerlich aufgewühlt wir alle waren.[4] Darum schlossen wir siebzehn uns immer enger zusammen. Ich nannte sie „Spitzköpfe"[5], und für sie war ich der „Oberspitzkopf". Abends trafen sich alle, die dienstfrei hatten, in der „Glocke", und am Sonntag gingen sie mit mir zum Gottesdienst. „Vielen habe ich Halt im Sturm ihrer Herzen sein dürfen" (Brief vom 26. September). Drei meiner Leute brachen gesundheitlich zusammen, einer von ihnen starb im Lazarett. Mit einigen stehe ich heute noch in Verbindung. Allen aber kann ich bezeugen, daß sie sich den Häftlingen gegenüber nicht nur korrekt verhielten, sondern ihnen, soweit das nur möglich war, durch freundliche Worte oder zugeschobene Brote halfen. Dafür drohte SS-Männern Gefängnisstrafe im KZ Flossenbürg.

Als ich meinen Zug gemeldet hatte, erhielt ich die Order: „Du kommst zum Chef!" Ich reagierte: „Einverstanden! Nur nicht in den Wachdienst!" So wurde ich dem Kommandoführer direkt unterstellt und in seinem Dienstraum für Schreib-, Fernsprech- und alle anderen anfallenden Bürodienste eingesetzt. Damit saß ich am Schnittpunkt zwischen Kommandoführer, Lager, Baustelle, SS-Führungsstab, dem Kommandeur des KZ Flossenbürg und der Wachkompanie. Dort erfolgten in der Regel die täglichen Meldungen des SS-Lagerführers, des Rapportführers Oberscharführer Nikolet, später des Oberscharführers Methling, des SS-Arbeitsdienstführers Hauptscharführer Samigk, des Lagerältesten Häftling Kawalecki, später Humm, des Rapportschreibers Häftling Neuner, später Korndörfer u. a. Hier erschienen auch der Kommandeur des KZ Flossenbürg, SS-Obersturmbannführer Martin Koegel, und andere SS-Führer. Koegel entließ mich vor offiziellen Gesprächen nach einigen freundlichen Worten immer mit der Bemerkung: „Sie werden nicht mehr benötigt, Kamerad Lenz!"

Kommandoführer des Lagers war SS-Hauptsturmführer Emil Fügner, den man als Hauptmann der Luftwaffe zur Totenkopf-SS abkommandiert hatte. Er war ein bürgerlicher Mensch und kein NS-Mann, außerdem wohl auch den Aufgaben nicht gewachsen, die man hier an ihn stellte. Selbst bei ausgeprägteren Führungsqualitäten und einem größeren Fachwissen hätte er sie nicht erfüllen können. Ich selbst wurde von ihm nicht in meinen Dienst eingewiesen, erfuhr nichts über die Lagerverhältnisse. Er setzte alles voraus. So stellte er z. B. in den ersten Tagen meines Dienstes fast ungehalten fest, daß ich noch nicht einmal die Bedeutung der verschiedenen Farben der Häftlingskennzeichen kannte.

Die Büroarbeit fiel mir allerdings nicht schwer, weil ich in allen diesen Arbeiten geübt war. Trotzdem setzte mir „der tägliche stramme Dienst von 7–20 Uhr, mitunter bis 22 Uhr" so zu[6], daß ich „nachts wegen Überarbeitung und Nerven schlecht schlief"[7], „kaum noch abends ausging"[8], unter „nervösen Magenbeschwerden und starkem Durchfall" litt[9], „daß ich in der letzten Zeit kaum zum Essen kam" (wiederholt in Briefen), „daß ich recht herunterkam" und „daß das Herz miesmacht"[10], „daß ich die (Mitarbeit in der evangelischen) Jugendarbeit abgab, da ich keine Zeit und Kraft mehr dafür hatte"[11] und „daß ich mein Tagebuch (Hersbrucker Notizen) nicht mehr ordentlich (pünktlich) führte und einige Tage später schreiben mußte".[12]

Dazu kam die seelische Belastung durch die täglichen Erlebnisse im Lager. Oberstabsarzt Dr. Ehrlich gab mir deshalb häufig Phanodorm, damit ich wenigstens etwas schlafen konnte. Nach dem Krieg setzte mein Hausarzt dieses Mittel wegen der drohenden Suchtgefahr sofort ab.

Durch meine Arbeit beim Kommandoführer war ich nicht nur frei von der Befehlsgewalt aller anderen Dienststellen des Lagers, sondern ich hatte dadurch auch bei diesen einen Einfluß, der mir überhaupt nicht zustand, aber den Häftlingen zugute kam. So habe ich meine Dienstbefugnisse – ungehindert von Kommandoführer Fügner – beträchtlich ausweiten können. Das Lager betrat ich z. B., sooft ich nur wollte, auch ohne Auftrag und trotz des Einspruchs von Stabsscharführer Schulz.

Täglich verbrachte ich viele Stunden in der Häftlingsschreibstube, wo ich – reichlich harmlos – einen Teil meines geheimen SS-Bürodienstes erledigte, mir fehlende Informationen geben ließ und die ersten Freundschaften mit Häftlingen schloß. Dazu gehörten u. a. der Lagerälteste Tadeusz Kawalecki, genannt Tadek, ein polnischer Ingenieur und Angehöriger der polnischen Widerstandsbewegung, der 1. Häftlingsschreiber Alfred Neuner, ein österreichischer Kaufmann, und die tschechischen Schreiber Srp, Tuma, Doz. Ing. Dr. jur. Paulu, ein Hochschullehrer aus Prag, und der jüdische Versicherungsmathematiker Ehrlich aus Lemberg. Später kamen dazu Stefan Köves, ein ungarischer Prokurist und Angehöriger der ungarischen Widerstandsbewegung, der sich unter dem Pseudonym „Bognár" führen ließ, und vom 10. März 1945 an der deutsche Rapportschreiber Johann Friedrich Korndörfer u. a. Die meisten von ihnen haben mir nach ihrer Heimkehr geschrieben. Einige besuchten mich in Münzenberg, Kawalecki sogar mit seiner Frau.

Fügner kam gar nicht auf den Gedanken, daß durch diese Zusammenarbeit den Häftlingen geheime Vorgänge bekannt werden könnten. Am 11. September schrieb ich noch nach Hause: „Ich sitze in der warmen Lagerschreibstube, schreibe und unterhalte mich mit den Häftlingen." Doch schon am nächsten Tag vertrieb mich der neue Kommandoführer Forster „unter Wutausbrüchen aus der Lagerschreibstube".

Danach mußte ich im Raum des Kommandoführers arbeiten. Hier kamen die bei der Kompanie eingehenden Fluchtmeldungen an, und von hier aus wurden sie an die Polizeistationen der näheren Umgebung, das Konzentrationslager Flossenbürg und den Höheren Polizeiführer in Nürnberg, Abteilung SSD (SS-Sicherheitsdienst Emmert) weitergegeben.

Indem ich diese Meldungen so lange wie nur möglich zurückhielt, konnte ich den geflohenen Häftlingen zu einem kleinen Vorsprung verhelfen. Nach einiger Zeit aber beschwerte sich der Sicherheitsdienst (SD) beim SS-Führungsstab in Happurg, daß die Fluchtmeldungen der Kompanie seit einiger Zeit erheblich später als seine Meldungen eingingen. Ich erschrak bei dem Gedanken, von der Gestapo ertappt worden zu sein. Doch Forster gab sich mit meinem Hinweis auf meine dienstliche Überlastung zufrieden und befahl mir lediglich, die Meldungen schneller weiterzugeben.

Um mich abzusichern, legte ich mir ein Heft mit Angaben über die Abgangszeiten der geführten Gespräche an. Nun konnte ich für den Häftling nur durch eine Verlängerung der Gesprächszeit vielleicht noch einen winzigen Vorsprung erreichen. Bis zum 28. September 1944 waren von achtundzwanzig geflohenen Häftlingen achtzehn nicht wieder ergriffen worden.[12a]

Als ich von Häftlingsärzten erfuhr, daß es in den Krankenbaracken an bestimmten Medikamenten und Ampullen fehlte, besorgte ich diese in der hilfsbereiten Hersbrucker Apotheke, ohne auch nur zu ahnen, welche Gefahren damit verbunden waren. Diese schickte auf

meine Bitte ihre Forderungen an den SS-Führungsstab, der nach einiger Zeit erstaunt, aber ohne mir eine Rüge zu erteilen, dieses Verfahren abstellte.
Vorgesetzte Häftlinge, die in der Lagerschreibstube ihren Kameraden grob begegneten, versuchte ich zu etwas menschlicherem Verhalten zu bewegen. Wurde ich Zeuge von Ausschreitungen der SS-Leute und Kapos gegen Häftlinge, beendete ich sie sofort mit der Drohung: „Ich melde Sie dem Chef, wenn Sie diese Mißhandlungen nicht sofort einstellen." Den ersten Zusammenstoß dieser Art hatte ich am 12. September mit Rapportführer Nikolet vor der Lagerschreibstube, der Häftlinge, die sich krank meldeten, mit einem großen Knüppel auseinandertrieb.[13]

Am 31. August „abends wurde der wiederergriffene Russe Kosinski von der Gestapo Nürnberg vor dem ohne mich angetretenen Lager gehenkt!"[14] Vom offenen Fenster meines Dienstraumes sah ich auf dem Lagerappellplatz den neuerrichteten Galgen, die in weitem Karree um diesen angetretenen schichtfreien Häftlinge mit ihren Kapos und dem Lagerältesten, die SS-Führer und einen dienstverpflichteten Zivilarzt, da wir noch keinen Truppenarzt hatten. Ein Pkw mit kleinem Anhängerkasten fuhr auf den Appellplatz. Dem Wagen entstieg Herr Emmert vom Sicherheitsdienst (SD) in Nürnberg. Aus dem Anhänger rutschte mit gefesselten Händen der zum Tode verurteilte junge Häftling, der, so schnell er konnte, zum Galgen lief.
Das Folgende konnte ich nicht genau sehen. Ich erfragte es darum anschließend. Das Urteil des Reichssicherheitshauptamtes Berlin wurde wahrscheinlich von Emmert verlesen. Der Verurteilte stieg auf einen Schemel, die Schlinge wurde ihm um den Hals gelegt, ein Häftling, später war das in der Regel der ausländische „Schusterkapo" (Kroate), stieß den Schemel um, der Verurteilte stürzte in die Schlinge, der Arzt stellte den Tod fest, die Häftlinge marschierten in ihre Baracken.
Später stand der Galgen nicht mehr im freien Blickfeld der Kaserne, sondern im hinteren Teil des Lagers, durch Baracken verdeckt.
Ich hatte mich nicht mit den SS-Führern auf den Appellplatz begeben, sondern ans offene Fenster gestellt, um meine Distanzierung zu zeigen und wenigstens einmal Zeuge dieses entsetzlichen Vorgangs gewesen zu sein.
Als der Häftling zum Galgen rannte, verlor ich ganz gegen meine Gewohnheit aus Empörung die Selbstbeherrschung. Vor Wut

schmetterte ich die Tür meines Arbeitsraumes wiederholt mit voller Wucht ins Schloß, daß Mörtel herunterfiel. Ich erschrak über mich. Aber das Läuten einer Glocke der benachbarten katholischen Kirche, das nicht mit der Hinrichtung zusammenhing, brachte mich zur Besinnung. Ich betete: „Herr, erbarme dich meines Bruders am Galgen, und nimm ihn in Gnaden an! Herr, mache der Tyrannei und der Not der Brüder ein Ende!"
Anschließend kamen die SS-Führer mit Arzt und SD-Emmert in meinen Raum, wo u. a. der Arzt den Totenschein ausstellen sollte. Als Todesursache wollte er nach einigem Zögern „Exekution" eintragen. Emmert: „Schreiben Sie Herzschwäche!" Nach weiterem Zögern des Arztes, Emmert erneut und mit drohender Stimme: „Schreiben Sie Herzschwäche!" Der Arzt schrieb Herzschwäche.[15]
Monate später monierte der neue Lageroffizier „Rudi" nach einer Hinrichtung, daß auch ich an den Hinrichtungen teilzunehmen hätte. Ich tat ihn ab: „Damit habe ich nichts zu tun!"

1. September: „Übernahme in die SS. Ich als SS-Oberscharführer!!! Mein Protest bei Obersturmbannführer Koegel!"[16]
Am 1. September, also nur vierzehn Tage nach unserem Dienstantritt in Hersbruck, wurden die zur SS abkommandierten Kompanieangehörigen durch den Kommandeur des Konzentrationslagers Flossenbürg, Obersturmbannführer Koegel, von der SS übernommen. Einige Tage zuvor hatte ich dem Kompaniefeldwebel gemeldet, daß ich Koegel deswegen unbedingt sprechen müßte. Ich befahl mich in Gottes Führung und überließ meine Aussage dem bevorstehenden Gespräch. Koegel empfing mich inmitten mehrerer Führer und Unterführer (SS-Bezeichnung für Offiziere und Unteroffiziere) seines und unseres Lagers freundlich mit den Worten: „Kamerad Lenz, Sie wollen bei uns keinen Dienst tun?"
„Obersturmbannführer, an und für sich tue ich als Soldat Dienst wie befohlen, aber ich möchte von der SS nicht anders behandelt werden als meine Pfarrbrüder, die alle aus der SS ausgestoßen worden sind." (Die Anrede „Herr" entfiel bei der SS.)
„Das stimmt doch so nicht!"
„Doch, Obersturmbannführer, das kann ich beweisen." (Der Reichsführer SS Himmler hatte am 15. Oktober 1934 verfügt, „daß... auch noch die wenigen SS-Angehörigen, die Priester einer Kirche sind, aus der SS ausscheiden".)

„Ich sichere Ihnen zu, daß Sie nicht aus der Kirche auszutreten brauchen."
„Obersturmbannführer, das dürfte für mich doch wohl überhaupt nicht in Frage kommen!"
Koegel verunsichert: „Kamerad Lenz, dann sichere ich Ihnen zu, daß Sie am Gottesdienst teilnehmen dürfen."
„Danke, Obersturmbannführer! Das tue ich mit zahlreichen Kameraden, solange wir hier sind und der Dienst es zuläßt."
„Dann sichere ich Ihnen zu, daß Sie hier nichts gegen Ihr Gewissen zu tun brauchen."
„Ich danke, Obersturmbannführer! Unter Berufung auf Ihre Zusicherung, daß ich hier nichts gegen mein Gewissen zu tun brauche, werde ich hier Dienst tun."

Das war eine ungewöhnliche Zusage eines KZ-Kommandeurs mitten im Krieg an einen Pfarrer. Eine Anklage wegen Befehlsverweigerung und ein Verfahren vor dem SS-Kriegsgericht wären ebenso denkbar gewesen. Das beweist das Schicksal von zwei Soldaten aus einer anderen Einheit. Einer von ihnen, „ein einfacher Bauernsohn aus dem Sudetenland", schrieb am 3. Februar 1944 an seine Eltern: „Ich muß Euch eine traurige Nachricht mitteilen, daß ich zum Tode verurteilt wurde, ich und Gustav G. Wir haben es nicht unterschrieben zur SS. Da haben sie uns zum Tode verurteilt. Ihr habt mir doch geschrieben, ich soll nicht zur SS gehen... Wir beide wollen lieber sterben, als unser Gewissen mit so Greueltaten beflecken."[17]
Gott der Herr hatte seine Zusage an den Propheten Jesaja (43,2) auch mir zuteil werden lassen: „So du durch Wasser und Feuer gehst, will ich bei dir sein, daß dich die Ströme nicht sollen ersäufen. Und so du ins Feuer gehst, sollst du nicht brennen, und die Flamme soll dich nicht versengen." Aber auch das hatte ich wieder einmal erfahren: „Wenn sie euch (vor Fürsten und Könige) führen, dann macht euch keine angstvollen Gedanken, wie ihr auftreten und was ihr sagen sollt, denn es wird euch in der entscheidenden Stunde gegeben werden. Nicht ihr selbst braucht euere Sache zu führen, denn der Geist des Vaters redet durch eueren Mund, spricht der Herr" (Matth. 10,19 nach Jörg Zink).
Am 26. September schrieb ich nach einem kurzen Bericht über meine Auseinandersetzung mit Obersturmbannführer Koegel nach Hause: „Er sicherte mir zu, daß ich nichts gegen mein Gewissen zu tun brauche. Darauf fuße ich nun fest. Wenn ich auch an der Sache (an den Lagerverhältnissen) nichts ändern kann, kann ich doch nicht

wenigen Halt und Trost sein, auch manchmal Drangsal abwenden oder lindern. Dazu weiß ich mich als Christ hierhergestellt."
Als ich nach der Unterredung im Flur wartete, drückte mir Koegel, der an der Spitze der SS-Führer zur Vereidigung an mir vorbeiging, unauffällig, aber betont die Hand.
An der Vereidigung nahm ich nicht teil. Damit das jeder sehen konnte, stellte ich mich an das offene Fenster meines Arbeitsraumes; ich stand also nur eine halbe Etage über dem Platz, auf dem die Vereidigung stattfand.
Die Eidesvermahnung sprach Obersturmführer Baumgartner, der Adjutant Koegels, unter dessen Aufsicht im April 1945 die grauenhafte Hinrichtung von Admiral Canaris, von BK-Pfarrer Bonhoeffer u. a. im KZ Flossenbürg vollzogen wurde. Was er im einzelnen sagte, weiß ich nicht mehr. Ich erinnere mich nur noch an die Sätze: „Seht euch diese Zebras an! Das sind keine Menschen! Das sind Untermenschen! Das sind Staatsfeinde, das sind...!" Und dann hämmerte er seinen Zuhörern ein: „Seid hart gegen sie! Schlagt sie!... Macht sie fertig!"
Es war eine unglaubliche Ansprache. Was hätte ich tun sollen, wenn ich befehlsgemäß in Reih und Glied gestanden hätte? Schweigen aus „Befehlsnotstand" oder bekennen, d. h. als Soldat im Kriegsdienst rebellieren? Koegel hatte mir durch Gottes Güte diesen gefährlichen Konflikt erspart.
Nun hatten alle hierher Abkommandierten bereits den Fahneneid bei ihrer früheren Einheit mit der religiösen Formel: „So wahr mir Gott helfe!" geleistet. Vollständig müßte die Formel heißen: „So wahr mir Gott zur Seligkeit helfe!" Indem ich meine Seligkeit als Pfand gebe, wird mein Eid bekräftigt, aber auch begrenzt. Ein Eid unter Anrufung Gottes verbietet es, Befehlen zu gehorchen, die gegen Gottes Gebote verstoßen. Da aber die SS den totalen Gehorsam verlangte, forderte sie einen zweiten Eid, den Eid auf den Führer, ohne Anrufung Gottes und die Bindung an Gottes Gebote. Keiner der Zeugen meines Disputes mit Koegel hat mich später daraufhin angesprochen, auch Fügner nicht. Ob man vor dem brisanten Thema Angst hatte?

Am nächsten Tag stand ich schon wieder vor einer Entscheidung. Ohne einen Grund zu nennen, nahm mich Fügner am 2. September in eine Lagerbaracke mit. Dort sah ich mit Entsetzen, daß an drei Häftlingen Prügelstrafen vollstreckt werden sollten. Grund dieser Strafaktion: Jeder hatte sich zum Schutz gegen die Kälte in der

Nacht aus seiner Schlafdecke eine Unterjacke hergestellt. Das war als „Sabotage" streng verboten. Bei der Kontrolle am Lagertor hatte man sie dann erwischt. Nach der Meldung an das Reichssicherheitshauptamt in Berlin waren Strafen von zwölf und zwanzig Stockschlägen angeordnet worden. (Es gab eine Vorschrift, wonach nur vom Reichssicherheitshauptamt angeordnete Prügelstrafen vollzogen werden durften. Trotzdem wurden die Häftlinge immer wieder und ohne diese Genehmigung in der Lagerschreibstube brutal geprügelt und geschlagen.)
In dem Raum stand ein Turngerätebock, über den sich der Häftling legen mußte. Während ihn ein anderer Häftling festhielt, schlug ein dritter Häftling mit einem langen und dicken Prügel auf das angespannte Gesäß, manchmal auch, mit oder ohne Absicht, bis in die Nierengegend. Außer den fünf Häftlingen waren der Kommandoführer, der Arzt, der Rapportführer, der Lagerälteste u. a. anwesend.
Ich war so schockiert, daß ich in meiner Ratlosigkeit zunächst überhaupt nicht reagierte. Als mir auffiel, daß niemand die Schläge zählte und das Strafmaß für den zweiten Häftling längst überschritten sein mußte, fragte ich aufgeregt den Kommandoführer: „Hauptsturmführer, wird hier nicht gezählt? Ich glaube, daß der Häftling längst mehr als zwanzig Stockschläge hat." Sofort befahl Fügner: „Einstellen!" Zu mir: „Kommen Sie mit!"
In seinem Arbeitsraum ließ er sich wortlos auf seinen Stuhl fallen. Ich stellte mich zum Zeichen meines Protestes in ganz unmilitärischer Haltung mit dem Rücken zu ihm an das Fenster. Nach einiger Zeit nahm ich vor ihm Haltung an: „Hauptsturmführer, ich möchte mir ausgebeten haben, daß das für mich das erste und letzte Mal gewesen ist." Er niedergeschlagen: „Ich weiß gar nicht, warum ich Sie mitgenommen habe." Fügner hatte meinen Einspruch beim Kommandeur des KZ Flossenbürg miterlebt. Er wußte auch, welche Zusage ich am Tage zuvor bekommen hatte. Der dritte Häftling blieb verschont.[18]

Zu meinem Dienst gehörte es auch, die in der Häftlingsschreibstube ausgefüllten Totenscheine verstorbener Häftlinge vom Kommandoführer und dem dienstverpflichteten Zivilarzt Dr. Vogel aus Hersbruck unterschreiben zu lassen. Dieser Arzt hatte wie seine Frau seine ablehnende Einstellung gegen das Lager nie verhehlt. Während er unterschrieb, stand der Lastwagen mit den Toten, die nackt in ganz primitiven Bretterkisten – den sogenannten „Russen-

kisten" – lagen, vor der Arztpraxis in der Stadt. Der Tod der Häftlinge war bereits im Lager durch Häftlingsärzte festgestellt worden, d. h. durch Häftlinge, die von Beruf Arzt waren und als solche im Lager arbeiteten. Weil aber diese Häftlingsärzte nicht unterschriftsberechtigt waren, unterschrieben an ihrer Stelle der Kommandoführer und der Zivilarzt auch ohne Totenschau die Scheine.
Danach fuhr ich mit den Toten, deren Särge hochgestapelt den Wagen füllten, zum Standesamt der Stadt. Dort wurden sie mit Ausnahme von Juden und Angehörigen der Ostvölker[19] wie die Verstorbenen der Stadt registriert. Mit der Standesbeamtin Vogt habe ich viele, mit Bürgermeister Dr. Neussinger, der mich in sein Zimmer bat, wiederholt Gespräche über die Lagerverhältnisse geführt. Beide zeigten offen und unverhohlen ihre Abscheu. Dagegen hatte ich „mit dem dummen und fanatischen H.", einem Angestellten der Bürgermeisterei, einen heftigen Disput, als er mein Entsetzen über das unwürdige Sterben der Häftlinge mit den Worten kommentierte: „Feinde sind wie Tiere zu behandeln."[20]
Anschließend wurden alle Toten in das Krematorium Nürnberg transportiert. Dorthin bin ich nur einmal zu befohlenen „Sargverhandlungen" mitgefahren. Die Lieferung der Bretterkisten war durch die hohe Zahl der Toten und durch die kriegsbedingte Materialknappheit schwierig geworden. Bei dieser Gelegenheit stellte ich im Krematorium fest, daß man dort mit unseren Toten „korrekt" verfuhr. Die Totenscheine wurden für das Standesamt, das KZ Flossenbürg und unsere Akten dreifach, für Juden und Angehörige der Ostvölker zweifach ausgestellt. Nachdem man ein SS-Standesamt im KZ Flossenbürg eingerichtet hatte, fiel die dritte Urkunde für alle weg. Weil diese Urkunden am Ende des Krieges im Lager Hersbruck befehlsgemäß, sicherlich auch im KZ Flossenbürg, verbrannt und die Akten des Standesamtes Hersbruck durch Bombenangriff vernichtet worden sind, gibt es für alle im Lager Hersbruck verstorbenen Häftlinge keine Unterlagen mehr. Damals hörte ich, daß sich ein Krematoriumsangestellter die Namen unserer in Nürnberg verbrannten Toten aufgeschrieben hat.

Am 28. und 29. August notierte ich: „Lenore (meine Frau) kommt zu Besuch. Welche Freude! Ich hatte wegen Reisesperre nicht mehr damit gerechnet." Die Fülle der Arbeit hinderte mich, um Urlaub einzukommen. Fügner bot mir auch keinen an und ließ mich jeden Tag bis in den Abend, an meinem Geburtstag bis abends 10 Uhr Dienst tun. So genau war Fügner. Selbstverständlich konnte meine

Frau Kaserne und Lager nicht betreten. Quartiernahme in der Stadt wurde mir gestattet.[21]
5. September: Auf der Rückfahrt wurde ihr Zug kurz vor Münzenberg „von Tiefffliegern beschossen". Gott sei Dank blieben alle, unter den Waggons liegend, unverletzt. Lenores Koffer im Abteil wurde mehrmals durchschossen.[22]

Anfang September erkrankte Hauptsturmführer Fügner. Auf seinen Wunsch besuchte ich ihn – sehr zum Ärger des Kompaniefeldwebels – fast täglich in einem benachbarten Privathaus, wo er wohnte und von seiner Frau gepflegt wurde. Bei diesen Besuchen berichtete ich ihm zum ersten Mal über den Kirchenkampf, die politische und militärische Lage. Fügner hörte mir begierig, aber mit kaum spürbarer Zustimmung zu. Mehr war allerdings von einem Vorgesetzten nach nur drei Wochen Zusammenarbeit kaum zu erwarten und schon gar nicht von Fügner, der ja alles andere als ein „Bekenner" war.
Natürlich berichtete ich auch über die „besonderen Vorkommnisse" im Lager. So z. B. am 8. September: „Seit Tagen ist die Ruhr im Lager."[23] Am 15. September: „In dieser Woche 20 Tote. Das sind (wären) bei 2700 Häftlingen im Jahr 1040 Tote oder 38 Prozent."[24]
Während im August von 1900 Häftlingen sieben starben, stieg die Zahl der Toten im September bei 2700 Häftlingen auf 94. Von den in das KZ Flossenbürg gebrachten Ruhrkranken starben noch neunzehn Häftlinge. Ende September war die Epidemie im Lager erloschen.
Am 9. September: „Einer wurde bei einem Fluchtversuch erschossen."[25] Ein litauischer SS-Mann hatte auf der Baustelle einen Häftling erschossen, der sich noch innerhalb der Postenkette im Gebüsch versteckt hatte. Fügner war krank und ich im Dienstraum allein, als mir der Litauer Meldung erstattete. So übernahm ich mit Hilfe eines befreundeten Häftlingsdolmetschers die erste protokollarische Vernehmung, ohne daß ich dazu einen Befehl bekommen hatte. Dem Todesschützen hielt ich vor: „Warum haben Sie das getan? Ein Warn- oder Streifschuß hätte es auch getan. Der Häftling lief doch gar nicht weiter!" Als er frech versuchte, sich mit seiner Dienstanweisung herauszureden, erwiderte ich ihm: „Das müssen Sie einmal vor dem lebendigen Gott verantworten! Gottes Gebot: ‚Du sollst nicht töten' gilt auch für Sie!"
Schon bei Fluchtversuchen aus dem Lager, der Marschkolonne und

von der Baustelle mußten die Wachmannschaften ohne Warnung gezielt scharf schießen. In jeder Woche wurden sie aufs neue „über das Wachverhalten und die Überwachung der Arbeitsleistung der Häftlinge durch die eingesetzten Wachmannschaften" belehrt. Daß diese Belehrung tatsächlich stattgefunden hatte, war monatlich nach Flossenbürg zu melden.[26]
Im Gespräch mit dem litauischen SS-Mann hatte es sich gezeigt, daß es mir möglich war, als erster wiederergriffene Häftlinge und ihre Wachmänner zu vernehmen. So konnten sie der Vernehmung durch Rapportführer Nikolet, Kommandoführer Forster und den Lagerältesten Humm entgehen, die oft durch grausame Mißhandlungen Fluchtgeständnisse erpreßten. Weil die Häftlinge aber an einem geheimen Bauvorhaben arbeiteten und bei einer Flucht die Gefahr von Geheimnisverrat bestand, mußte jedes Vernehmungsprotokoll, das beim Reichssicherheitshauptamt in Berlin über einen Fluchtversuch einging, zu einem Todesurteil führen. Deshalb versuchte ich, diese Verhöre an mich zu ziehen.
Bei meinem Vorhaben unterstützten mich Häftlinge aus der Lagerschreibstube und menschlich empfindende Wachleute. Sie brachten die mit ihrer Flucht gescheiterten Häftlinge nicht in die Lagerschreibstube, sondern in meinen Dienstraum. Mit Hilfe vertrauenswürdiger Dolmetscher wie Kawalecki, Srp, Neuner, später Bognár u. a., die alle mehrere Sprachen beherrschten, fanden Vernehmung und Protokollierung sozusagen unter Ausschluß der Öffentlichkeit statt.
In meinen Verhören kam es mir vor allem darauf an, eine Fluchtabsicht ganz und gar zu bestreiten oder sie doch zumindest zu verharmlosen. Heraus kamen frisierte Protokolle, in denen der Gefangene Arbeitsunfähigkeit und Angst vor Schlägen als Grund dafür angab, daß er sich vom Arbeitsplatz entfernt hatte.
Die Fluchtskizzen legte mein Spitzkopf-Freund, der Bauunternehmer Schäfer, an. Sie entsprachen den Protokollen. Ich hatte Schäfer für diese Aufgabe vom Wachdienst freistellen lassen. Um den Arbeitsplatz, den Fluchtweg und die Postenketten zu skizzieren, brauchte man höchstens einen Tag. Aber Schäfer, der in einem nicht benutzten Nebenraum saß, beschäftigte sich oft tagelang mit einer Skizze; und das nur, um dem verhaßten Wachdienst zu entgehen. Bis zum Kriegsende fiel das niemandem auf!
Auf diese Weise konnten wir zahlreiche Häftlinge vor dem sicheren Tod bewahren. Keiner der von mir vernommenen Häftlinge wurde zum Tode verurteilt.

Fügner und Schwarz unterschrieben alle meine Protokolle. Sie lehnten brutale Vernehmungen ab und waren sehr wahrscheinlich erleichtert, bei den von mir protokollierten Fällen nicht die Todesstrafe beantragen zu müssen. Selbst Forster unterschrieb fast alle meine Protokolle. Ich weiß nicht, ob aus Bequemlichkeit oder weil er des Mißhandelns müde war.

„Schwere" Fälle wie Meuterei, Plünderung, gemeinschaftliche Flucht u. ä. überließ mir Forster allerdings nicht. Sie wurden durch ihn zusammen mit Nikolet und Humm in der Lagerschreibstube oder seinem Zimmer auf grausamste Weise „erledigt". Hierüber und besonders über die Vernehmung von zwei deutschen Häftlingen am 9. Dezember 1944 werde ich noch berichten. Ich hatte diese Vernehmung bereits begonnen, als Forster sie selbst übernahm. Später warf mir der Lageroffizier „R." vor, daß ich mich bei diesen Verfahren wie ein Verteidiger und nicht wie ein Staatsanwalt verhalten würde. Darauf antwortete ich ihm: „Obersturmführer, entweder bin ich bei der Feststellung des Sachverhalts ein Helfer oder ich lege diesen freiwillig übernommenen Dienst nieder."

Ich erinnere mich noch, daß mir „R." eine bereits begonnene Vernehmung entzog. Ich verließ meinen Arbeitsraum. Nach meiner Rückkehr prahlte er: „Na, sehen Sie! Er hat seine Fluchtabsicht gestanden." Meinem Verdacht, daß er dieses „Geständnis" erreichte, indem er etwa dem Häftling die Finger in eine Tischschublade klemmte, widersprach er nicht.[27]

Am 11. September schrieb ich meiner Frau: „Nun hat Hauptsturmführer Fügner (als Kompanieführer) von der Bergen... (und) Hauptsturmführer Forster (als Kommandoführer) Fügner abgelöst... Fügner wollte mich in die Kompanie übernehmen, aber Forster hat sich geweigert."

In einem Brief vom 9. Oktober berichtete ich ihr: „Gestern war ich noch 1–2 Stunden bei Fügner, der mich zu sich bat, damit ich ihm eine Menge Informationen für die Einrichtung seines neuen Lagers gäbe. Er war sehr nett und dankte für so manchen Dienst. Er läßt Dich sehr grüßen."

Während ich mich an die Krankengespräche mit Fügner gut erinnere, kann ich nur vermuten, was zu seiner überraschenden Ablösung als Kommandoführer führte, weshalb man ihn dem neuen Kommandoführer Forster unterstellte und anschließend an ein Arbeitslager versetzte, das neu aufgebaut werden mußte. Vielleicht war man der Ansicht, daß nur ein rücksichtsloser, zu allem entschlossener KZ-Fachmann ohne alle Skrupel die wie eine Lawine über das Lager hereinbrechende Katastrophe abwenden könnte. Aber die Rechnung ging nicht auf. Die Arbeitsleistung ließ unaufhaltsam nach, nicht zuletzt wegen der immer schneller steigenden Zahl der Toten. Das Bauvorhaben ließ sich nicht verwirklichen. Und während die Hoffnung auf die „Wunderwaffe" verflog, ging der Krieg verloren.

Fügner wollte mich wohl vor einer Katastrophe bewahren, als er beantragte, mich zur Wach-Kompanie abzukommandieren. Immerhin hatte er miterlebt, wie ich bei Koegel gegen meine Überstellung zur SS und gegen die Prügelstrafe protestiert hatte. Wenn ich auch nur vierundzwanzig Tage unter seinem Kommando arbeiten mußte, so kann ich ihm doch bezeugen, daß er sich allen Häftlingen gegenüber stets korrekt verhalten hat. Niemals habe ich von ihm ein abfälliges Wort über die Gefangenen gehört.

Am 3. Juli 1968 schrieb mir die Zentrale der Landesjustizverwaltungen in Ludwigsburg: „Nachdem Sie so nett über Fügner geschrieben und ihm wohl menschlich näher gestanden haben, vermute ich, daß Sie daran interessiert sind, zu erfahren, daß er am 1. September 1966 verstorben ist. Er folgte seiner Frau, die bereits 1948 verschied. Sie dürften Frau Fügner ja bei deren Besuch in Hersbruck auch kennengelernt haben... Bedanken darf ich mich für Ihre Hinweise auf Herrn Fügner, die sehr zur Ermittlung beigetragen haben."

94 Tage unter Kommandoführer Forster

Am 10. September 1944 kam SS-Hauptsturmführer Heinz Forster als neuer Kommandoführer nach Hersbruck. Schon ein Vierteljahr später wurde er am 14. Dezember 1944 abgelöst.[28]

Nur zwei Tage nach seinem Dienstantritt schrieb ich nach Hause: „An Fügners Stelle ist Hauptsturmführer Forster getreten. Ein alter KZ-Mann. Er ist brutal. Die Häftlinge schlägt, boxt und tritt er... Er scheint darin trainiert zu sein. Ich war noch nicht dabei. Dabei zieht er Handschuhe an. Es geht blitzartig: Schlag ins Gesicht. Der Häftling deckt sich im Gesicht. Schon hat er den zweiten schweren Schlag im Unterleib. Er krümmt sich. Schlag auf die Zähne: Blut. Tritt in den Bauch und so fort, bis das Blut fließt und der Mann fertig

ist. Daß ein deutscher Offizier das tut! Ich glaube, daß ich ihm demnächst etwas sagen muß."
Als er hier ankam, hieß es von ihm, er habe im KZ Struthof bei Natzweiler im Elsaß Häftlinge mit einer Eisenstange zusammengeschlagen. Dieses Lager habe ich 1978 während eines Urlaubs zweimal mit meiner Frau besucht. Zutiefst bewegt standen wir am Mahnmal mitten in einem weiten Feld voller Gedenksteine für die Millionen aus vielen Völkern: die 250000 Franzosen und die 4000 im Lager Hersbruck umgekommenen Brüder. Auf zahlreichen Steinen stand: „Deportiert nach Flossenbürg." Wie viele von ihnen werden wohl in Hersbruck gestorben sein?
Der 1. Häftlingsschreiber, Neuner, bezeichnet Forster in einem Schreiben an mich nach dem Krieg als „grausamen Kommandoführer", bei dem ich „ganz besonders verhaßt" gewesen war.
Als erstes verbot er mir wütend, meinen Dienst weiter in der Lagerschreibstube zu tun, und beorderte mich in seinen Dienstraum in der Kaserne. Das ertrug ich gelassen. Ich wurde von ihm nicht eingewiesen, erhielt keinerlei Dienstanweisung, bekam aber auch kein persönliches Wort zu hören.

Wie bisher betrat ich das Lager während der Dienstfahrten des Kommandoführers zum SS-Führungsstab und zur Baustelle, sooft ich wollte. Für Rapportführer Oberscharführer Nikolet und Arbeitsdienstführer Hauptscharführer Samigk, die mir beide mißtrauten, hatte ich jeweils eine plausible Ausrede parat.
Weil mich der mit Forster gekommene neue Lagerälteste Martin Humm beim Betreten des Lagers in einer mir unheimlichen Weise beschattete, beschränkte ich meine Lagerbesuche auf dienstliche Notwendigkeiten. Forster, der ohne Zweifel informiert war, äußerte sich nicht. Er beanstandete nur, daß ich mich ohne Pistole im Lager aufhielt. Ich aber wollte damit den Häftlingen ein sichtbares Zeichen meiner Einstellung geben. Deswegen antwortete ich ihm: „Ich brauche keine Pistole im Lager!" Nachdem Forster aber darauf bestand, daß die Dienstvorschrift eingehalten würde, trug ich seitdem anstelle meiner abgelegten großen 08/15 Dienstpistole eine kleine Privatpistole, die ich mir von einem „Spitzkopf" geliehen hatte. Zwar kritisierte Forster bald: „Was wollen Sie mit diesem Ding?" Aber ich antwortete: „Hauptsturmführer, die knallt auch! Für mich genügt das." Es blieb bei der kleinen Pistole.
Den Verlust an Kontakten mit Häftlingen im Lager konnte ich z. T. ausgleichen, indem ich sie immer dann unter irgendwelchen

Vorwänden in den Dienstraum oder in mein Zimmer bestellte, wenn der Kommandoführer nicht anwesend war.
Einen zweiten Wutausbruch Forsters mußte ich über mich ergehen lassen, als er von seinem Nachtquartier bei einer „Dame" schlecht gelaunt zum Dienstbeginn eintraf, den Arbeitsraum verschlossen und mich nicht anwesend fand. Er suchte in seiner Besoffenheit nach mir in der Kaserne herum.
„Schließlich brüllte er in ein Zimmer, in dem Feldwebel von der Nachtschicht schliefen. Darauf ein Oberfeldwebel: ‚Schrei nicht so verrückt, wir schlafen!' Er wie ein Wilder auf ihn zu: ‚Wer ist verrückt? Ich schlag' dir die Fresse ein.' Darauf der alte Feldwebel in aller Ruhe, er hatte inzwischen Forster erkannt: ‚Dann schlag' ich dir die Fresse auch ein!!' Da zog Forster still ab" (Brief vom 16. September).
Die alten Frontkämpfer des Ersten Weltkrieges, die nicht zu meinen „Spitzköpfen" gehörten, aber so wie wir dachten, erzählten mir davon; Forster aus begreiflichen Gründen nicht. Er fand mich schließlich auf der Kompanieschreibstube, wo ich auf ihn wartete. Den Schlüssel fand er auf meinen Hinweis in seiner Tasche; entschuldigt hat er sich nicht.
Von diesen beiden Wutausbrüchen abgesehen, verhielt er sich mir gegenüber „unmenschlich korrekt". 94 Tage arbeiteten wir zusammen, oft nur wir beide. Und doch sprach er mit mir kein einziges persönliches Wort, nur knappe dienstliche Bemerkungen. Manchmal kamen von seiner Seite Fragen, emotionale Fetzen, Flüche: „Verdammte Scheiße, Gott verdamm mich!" Bei Diktaten, die er mir ohne schriftlichen Entwurf ins Stenogramm diktierte, akzeptierte er ohne Widerspruch mündlich eingeschaltete, stilistische Verbesserungen. Meine morgendliche Meldung beantwortete er in der Regel nur mit einem muffigen Gebrumm.
Aus einem Brief vom 16. September: „Es ist eine Atempause… Der neue Kommandoführer kann einem nicht in die Augen schauen. Er wittert überall nur Böses. Er kennt kein persönliches…, niemals ein freundliches Wort. Schafft (arbeitet) nichts. Sicherlich haßt er mich als Pfarrer. Wahrscheinlich ist ihm auch meine unerschütterliche Ruhe, die ich bei jeder Gelegenheit demonstriere, unheimlich. Vielleicht, sicherlich, glaube ich, spürt er meine Ablehnung. Es ist wahrhaftig nicht schön für mich."
Genauso verhielt er sich jedem SS- oder Häftlings-Mitarbeiter gegenüber, der zu uns in das Zimmer kam. Wer den Raum verlassen hatte, wurde – und das völlig unabhängig von seinem Dienstgrad –

mit dem Ruf: „Sauhund!" bedacht. Häftlinge, die man auf der Flucht ergriffen hatte oder die sonst irgendwie aufgefallen waren, brachten ihn sofort zu Raserei und Brutalität. Zwischen Diktat, Verhandlungen, Lagergängen usw. stierte er, mit dem Rücken zu mir, auf seinen leeren Tisch und kratzte sich im Genick immer an derselben Stelle blutig.
Die zahlenmäßig begrenzten Briefe der Häftlinge wurden in der Lagerschreibstube zensiert. Der Kommandoführer erhielt davon nur die Briefe, die an ihn gerichtet waren oder in irgendeiner Weise aus dem Rahmen fielen. So erfuhr auch ich mitunter von ihnen.
In meinen Notizen habe ich am 20. September und Anfang Oktober 1944 in Kurzschrift zwei mit zitternder Hand geschriebene Briefe einer alten polnischen Baronin an ihren Sohn, den Häftling von Kasinowski, in vollem Wortlaut festgehalten. Darin schreibt sie: „Mein geliebter Sohn! Gestern abend habe ich Deine Zeilen erhalten. Meine Freude war groß. Mit Tränen dankte ich dem lieben Gott, daß Du gesund und zufrieden bist. Wo liegt Hersbruck? Ich habe keine Landkarte, die es mir zeigen möchte. Ich bin hier immer krank. Die Luft ist für mich zu scharf. Der Doktor schickt mich in ein Altersheim. Aber wo, das weiß ich nicht. Einen Brief von Dir will ich hier noch abwarten. Hast Du Dich mit Deiner Schwester gesehen? Ist sie gesund? Wie gerne möchte ich Dich sehen, um auf Deinen Händen die Augen für immer zu schließen. Ich küsse Dich so innig, wie ich Dich liebe. Mit meinem Segen verbleibt Deine Mutter."
Ein anschließender Vermerk in meinen Notizen gibt nur einen Satz eines zweiten Briefes wieder: „Ich befehle Dich Deiner göttlichen Gnadenmutter." Der dritte Brief: „Seit Deine paar Zeilen vor mir liegen, kann ich keine Stille mehr finden, so elend und traurig ist mir alles ohne Dich geworden. Wann und wo könnten wir uns wiedersehen? In Deiner Gegenwart würde ich wieder gesund und munter. Die Lagerordnung verbietet mehr als zwei Briefe im Monat. (Dieses aber war der dritte Brief innerhalb von 14 Tagen.) Doch meinen Liebesbrief wirst Du doch empfangen auf die guten Hände des Kommandanten, der wahrscheinlich auch noch eine Mutter hat und solchen Sohn wie Du und viel Güte und Freundschaft für alle, die leiden und unglücklich sind. Ich küsse Dich innig und segne Dich, mein geliebtes Kind. Deine Mutter E. v. K."
Beim Lesen des ersten Briefes fluchte Forster vor sich hin: „Gott verdamm mich, was will nur die alte Ziege!" Ich trat an seine Seite: „Was ist, Hauptsturmführer?"

„Da, lesen Sie!"
„Das sind die tiefen Sorgen einer alten Mutter um ihren Sohn, Hauptsturmführer!"
„Hä, Hä! Sagen Sie! Sagen Sie!"
Worauf ich nur knapp antwortete: „Jawoll, Hauptsturmführer, sage ich!"
Von Kasinowski, ein aristokratischer, älterer Herr, der mich in seiner Festigkeit tief beeindruckte, war beim Reichsminister für die besetzten Ostgebiete, Alfred Rosenberg, eingesetzt gewesen. Eines Tages hatte man ihn „als politisch unzuverlässig" in ein KZ gebracht, seine 82jährige Mutter in die Tschechoslowakei deportiert, und auch seine Schwester war wohl in ein Lager eingeliefert worden. Später sah ich seine hohe, abgemagerte Gestalt unter nackten Häftlingen, die bereits so schwach waren, daß die Häftlings-Ärzte entscheiden mußten, ob sie in den sog. Schonblock eingeliefert werden sollten. Voll guter Hoffnung nickten wir uns zu.
Am 2. Dezember wurde v. Kasinowski Kapo im Schonblock.[29] Jetzt glaubte ich ihn gerettet. Aber ein Vierteljahr danach notierte ich mir am 3. März 1945, also nur wenige Wochen vor dem Ende der Sklaverei: „Mein polnischer Baron ist an ‚Herzmuskeldegeneration' gestorben. Seine arme, alte Mutter. Ein Herr vom Scheitel bis zur Sohle, (der stets eine) tiefe Verbeugung", selbst aus großer Entfernung, vor mir machte.
Durch Rapportschreiber Häftling Korndörfer ließ ich mir die Leichenhalle aufschließen, die ich bisher gemieden hatte, um mich zu vergewissern. Da stand ich nun vor etwa 175 bis 200 kreuz und quer übereinandergeworfenen nackten Leichen. Kasinowski fand ich nicht. Ich suchte ihn auch nicht. Das ging einfach über meine Kraft.
Kasinowskis Tod ging mir sehr nahe. Dieses unvorstellbare Grauen brachte mich fast um den Verstand. Ungefähr zweihundert Menschen! Das waren doch zweihundert Ehemänner, Väter, Söhne, Brüder, ja Gotteskinder und damit meine Brüder! Und sie alle wie verendete Tiere auf einem erschreckenden, riesigen Haufen!
Aufgeregt und mit heftigen Worten habe ich damals bei Hauptsturmführer Schwarz – seit dem 14. Dezember unser neuer Kommandoführer – protestiert und meine ungeheure Empörung zum Ausdruck gebracht.
Am 7. März schrieb ich nach Hause: „Manchmal geht's... nicht ohne zackige Zusammenstöße ab. Aber ich fürchte mich nicht und vor keinem, solange ich ein gutes Gewissen habe."
Rapportschreiber Korndörfer, der am 19. Januar 1945 mit einem

Häftlingstransport von Gleiwitz/Oberschlesien gekommen war, schrieb nach dem Krieg: „Es wurde mir von anderen Häftlingen und SS-Mannschaften erzählt, daß er (Lenz) sich oft mit Lagerführer Schwarz in heftigen Auseinandersetzungen befand."
Schwarz wies mich nicht zurecht. Er drohte auch nicht mit einer Meldung, die mich in Flossenbürg vor ein SS-Kriegsgericht gebracht hätte. Er nahm es wortlos hin.
Noch heute, dreißig Jahre danach, ist es mir vollkommen unmöglich, in der Erinnerung an jene Erlebnisse distanziert zu berichten.

Zurück zu Forster: Am 13. September wurden zwei Russen gehenkt, deren Flucht wegen ihrer Verwundung gescheitert war.[30] Hierüber schrieb ich am 16. September nach Hause, was mir Augenzeugen berichtet hatten: „... daß Forster Feldwebel (Rapportführer Oberscharführer) Methling zumutete, den Henkerstrick zu tragen, daß Häftlinge ihre Genossen aufhängen, daß er ... (Häftlinge, die sich weigern, Henkersdienste zu tun) vor dem ... (angetretenen) Lager schlägt und tritt, daß er mit gezückter Pistole vor die beiden Verurteilten springt, die schon den Strick um den Hals hatten, aber noch auf dem Gerüst (Schemel) standen, sie mit Erschießen bedroht, weil sie nach ihrem Abschiedskuß ... Abschiedsworte wechselten und an die Versammlung noch einige russische Worte richteten."

Der 29. Oktober 1944 war ein Tag des Grauens. Von diesem Tag möchte ich anhand eines Protokolls berichten, das am 25. Februar 1949 vor der Ortspolizei Münzenberg bei meiner Vernehmung angefertigt worden war. Zu dieser Vernehmung hatte mich der Untersuchungsrichter II beim Landgericht Nürnberg-Fürth vorgeladen. Dabei bat er mich ausdrücklich darum, „auf Befragen meine Beobachtungen und Wahrnehmungen über Mißhandlungen und Tötungen von Häftlingen im Lager Hersbruck" zu Protokoll zu geben. Der Durchschlag dieses fünfseitigen Protokolls liegt mir vor.

„Forster mißhandelte drei Häftlinge in seinem Wohnraum so furchtbar, daß man das Schlagen, Schimpfen, Dröhnen, Stöhnen und Schreien durch zwei Türen bis in meinen Raum hörte. Da es um das Leben der drei Häftlinge ging – es wurde ihnen Lebensmitteldiebstahl im Lager vorgeworfen –, forderte ich sie, als sie in einer Pause im Gang standen, auf, durchzuhalten und nichts zuzugeben ... Unter den weiteren Mißhandlungen haben sie dann das Protokoll

unterschrieben. Forster ließ sie mit dem Antrag auf Exekution nach Flossenbürg überstellen."[31]
Sechzig Häftlinge hatten bei „Masseneinbrüchen der Lagerpolizei im Lebensmittelmagazin des Lagers 5–6 Ztr. Fleisch, 2 Ztr. Wurst, 4 Ztr. Zucker, 60 Brote u. a." gestohlen.[32] Dabei waren drei von ihnen angeschossen worden, zwei starben später an ihren Verletzungen. Drei der Anführer ließ Forster zur Hinrichtung nach Flossenbürg bringen. Alle übrigen wurden in der Lagerschreibstube durch Mißhandlungen zu Geständnissen gezwungen.
Vom Morgen bis zum Abend waren drei andere Häftlinge gezwungen, ohne Verpflegung und Ruhepause auf dem Appellplatz zu stehen. Jeder mußte mit seinen Händen einen Kohlkopf über sich halten. Wenn sie vor Schwäche umfielen, wurden sie so lange wieder hochgezerrt, bis sie ohnmächtig liegenblieben. Ich habe diese drei und später noch viele andere, auf dieselbe Art Gefolterten am Pranger stehen sehen.
Die Lagerpolizei bestand aus deutschen Häftlingen. Sie war unbewaffnet, trug wahrscheinlich Knüppel und hatte für die Ordnung im Lager zu sorgen, vor allem das große Lebensmittelmagazin vor Einbrechern zu schützen. Trotzdem versuchten es Häftlinge immer wieder, Lebensmittel zu stehlen; vor allem, weil sie entsetzlich hungerten, manchmal aber auch für ihre Schwarzhandelsgeschäfte. Schließlich bewachten SS-Posten das Magazin, die sofort und ohne Anruf auf Verdächtige schossen.
Die Bewachung des Lagerzauns durch Posten auf den fünf Wachtürmen, die Begleitung der Marschkolonnen sowie die Bewachung der Arbeitskommandos auf der Baustelle gehörten zu den Aufgaben der Kompanie. Auf Häftlinge, die sich dem Zaun in verdächtiger Weise näherten, sich von der Marschkolonne entfernten oder von ihrem Arbeitsplatz flohen, mußte ebenfalls sofort geschossen werden.
„Im Zusammenhang mit einer meiner Meinung nach von SS-hörigen Häftlingen erfundenen oder aufgebauschten Meuterei von ca. dreißig Russen haben Nikolet und Forster mit SS-hörigen Häftlingen diese Menschen auf das furchtbarste mißhandelt. Das geschah in der Lagerschreibstube und zog sich über einen ganzen Tag hin. Diese Vorgänge wurden mir von zahlreichen Zeugen bestätigt."
In diesem Zusammenhang notierte ich am 29. Oktober: „Russenrevolte? Forster tobte. Überstellung zur Hinrichtung nach Flossenbürg. Alle Teilnehmer prügelte er furchtbar... Selber habe ich erlebt, wie Nikolet am Abend Forster prahlend seine durch das

stundenlange Schlagen ganz wundgewordene Hand zeigte. Ich hieß ihn daraufhin in Gegenwart des Kommandoführers einen Wahnsinnigen, worauf er mich mit Erschießen bedrohte." Ich lachte ihn aus. Forster sagte nichts.
An demselben 29. Oktober wurde der 1. Häftlingsschreiber Alfred Neuner von Forster zur Exekution nach Flossenbürg überstellt.[33] Neuner hatte sich Goldzähne angeeignet, die den verstorbenen Häftlingen ausgebrochen wurden und an das Reichssicherheitshauptamt nach Berlin geschickt werden mußten.
Ich war über Neuner, mit dem ich seit meinem Aufzug in Hersbruck in ständiger Verbindung gestanden hatte, sehr enttäuscht. Helfen konnte ich ihm nicht, weil er bereits bei seiner Vernehmung in der Lagerschreibstube nach schweren Mißhandlungen gestanden hatte.
Ich zitiere wieder das Protokoll: „Oberscharführer Karl Nikolet, Frühjahr bis Sommer 1944 Lagerführer, danach bis November 1944 Rapportführer, mißhandelte ununterbrochen mit Knüppel, Füßen, Fäusten z. B. August 1944.[34] Eine Gruppe von 10-15 Häftlingen wollte sich krankschreiben lassen. Nikolet schlug so lange mit einem schweren Knüppel auf sie ein, bis die meisten davongelaufen waren. Die am Boden Liegenden mißhandelte er weiter, bis ich dazukam und die Beendigung der Mißhandlungen erreichte. Hierbei wurde ich bedroht und beschimpft... Da sich Nikolet Devisen, Gold, Uhren usw. von Häftlingen aneignete, habe ich gegen ihn beim Kommandanten in Flossenbürg Anzeige erstattet (d. h.: Ich habe bei Kommandoführer Forster beantragt, daß gegen Nikolet in Flossenbürg Anzeige erstattet wird. Ich selbst konnte ihn dort nicht anzeigen). Es geschah ihm nichts. Er war schon vorher nach Flossenbürg zur Bestrafung versetzt worden."
Später hörte ich, was mir Neuner nach dem Krieg bestätigte, daß er Nikolet vor dem SS-Kriegsgericht in Flossenbürg auf Veranlassung der SS „entlastet" habe. Dafür kamen beide am Galgen vorbei und Neuner als Häftlingsschreiber in ein anderes Arbeitslager.
Neuner schrieb mir am 30. März 1947: „Ich war mit den Nerven herunter. In Flossenbürg sollte ich ja mit den dreißig Russen dem lieben Herrn (Gott) einen Besuch abstatten" (hingerichtet werden).

Im Lager waren seit Anfang November 1944 achtzig Offiziere aus verschiedenen Nationen, darunter auch ein russischer Häftlingsarzt. Dieser Arzt hatte eines Tages den kroatischen Henker „mit einer bissigen Bemerkung" zur Rede gestellt, weil er mit seinen Peinigern

zusammenarbeitete. Er wurde angezeigt und in das Strafkommando versetzt. Ich notierte damals: „Das Stämmeschleppen den Berg hinauf", alle Arbeit „im Trab" und „das schlechte, nasse Wetter werden sein Tod sein. Er fiel gegen russische Art vor Forster auf die Knie. Aber es half nichts."[35]
Ein ungarischer Hauptmann, der zwei Jahre mit der SS gegen Rußland gekämpft hatte, wußte überhaupt nicht, warum man ihn in das Konzentrationslager gebracht hatte.[36] In der Häftlingsküche schälte ein französischer Oberst, der seit 1912 „Soldat" war, Kartoffeln.[37] Und schließlich gab es den angeblichen „Ritterkreuzträger", Kapitänleutnant Max Radsik. Er ließ sich eines Tages von einem Häftling als Marineoffizier porträtieren und hängte dieses Bild über seiner Bettpritsche auf. Forster riß das Bild ab, schlug Radsik und meldete nach Flossenbürg, was sich ereignet hatte. Ob Radsik bestraft wurde, weiß ich nicht.

Deutsche Pfarrer, die in „Schutzhaft" genommen waren, gab es im Lager Hersbruck nicht. Sie waren fast alle im KZ Dachau. Seit Anfang November lebte aber ein polnischer katholischer Geistlicher im Lager. Ihn brachte man nach Flossenbürg, wo er körperlich nicht mehr so schwer arbeiten mußte. Persönlich bin ich ihm nie begegnet. Aus meinen Notizen schließe ich allerdings, daß er während der Evakuierung der Konzentrationslager in Polen vor den anrückenden Russen mit einem Häftlingstransport in Hersbruck eintraf. Weil das Hersbrucker Lager ein Arbeitslager war und Geistliche für körperlich schwere Arbeit nicht eingesetzt werden sollten, brachte man ihn nach Flossenbürg.
Ich ging damals zum katholischen Pfarrer von Hersbruck, um für seinen katholischen Bruder ein seelsorgerliches Buch, etwa ein Brevier, zu erbitten und gleichzeitig mit ihm Kontakt zu bekommen. Nach einigem Zögern übergab er mir Thomas à Kempis: „Die Nachfolge Christi". Zu meiner Enttäuschung blieb es bei seiner Zurückhaltung, obwohl ich ihn über meine Einstellung informiert und auch auf unseren gelegentlichen Gottesdienstbesuch in seiner Kirche hingewiesen hatte. Auf ein Gespräch über den Kirchenkampf und das Lager ließ er sich nicht ein. Vielleicht fürchtete er eine Falle, wie sie damals gerade Pfarrern häufig gestellt wurde. Das Buch konnte ich dem polnischen Bruder durch einen befreundeten Häftling überbringen lassen.
Einen anderen „polnischen Pater" bat ich unter einem Vorwand, in mein Zimmer zu kommen, als der Kommandoführer nicht da war.

Ich bemühte mich sehr, seine Verschlossenheit zu durchbrechen. Aber es gelang mir nicht, weil ein Dolmetscher fehlte. Auch lateinische Hinweise auf den aufgeschlagenen 23. Psalm vom „Guten Hirten" in deutscher Sprache halfen nicht weiter. So betete ich den Psalm und gab ihm etwas zu essen. Aber er kannte mich nicht und blieb mißtrauisch und verschlossen.

Am 8. Dezember 1944 vernahm Forster zwei deutsche Häftlinge nach einem gescheiterten Fluchtversuch. Der eine hieß Drollmann. Forster mißhandelte beide so lange mit Faustschlägen, mit Fußtritten in den Bauch, schlug mit der Reitpeitsche auf sie ein, bis sie den Fluchtverlauf in allen Einzelheiten schilderten und außerdem zugaben, wegen der Zivilkleidung und der Lebensmittel eingebrochen zu haben. Meine eigene frühere Vernehmung der Häftlinge, die ich in der Weise gesteuert hatte, daß sie nicht so schwer belastet wurden, war damit in allem hinfällig. Ich konnte die Mißhandlungen nicht verhindern. So blieb mir nichts, als den Raum demonstrativ und mit deutlichen Zeichen meines Protestes zu verlassen.

Über diesen Vorfall notierte ich: „Forster schlägt trotz Verbotes zwei Reichsdeutsche, bis sie einen Einbruch zugeben. Gestapo-Emmert sagte anschließend zu mir: ‚Der ist aber hart!'"[38]

Der Häftling Drollmann unternahm noch einen zweiten Fluchtversuch. Dabei erschoß ihn Rottenführer Schäfer, der Führer der SS-Hundestaffel, auf der Baustelle. Drollmann lag mit einem Beinschuß schon am Boden, als ihn Schäfer mit mehreren Schüssen aus seiner Maschinenpistole tötete. Schäfer, dessen Verhalten ich im Vernehmungsprotokoll beanstandet hatte, wurde nicht bestraft.

Als Forster Kommandoführer des Lagers wurde, veränderte sich die Situation der Häftlinge noch einmal zum Schlechteren. Der Lagerälteste Kawalecki wurde abgelöst. An seine Stelle kam ein Deutscher, der kriminelle Häftling Martin Humm. Die Ablösung des korrekten, tüchtigen und für vertrauliche Gespräche so zuverlässigen Kawalecki habe ich sehr bedauert. Auch nachdem ich nicht mehr in der Lagerschreibstube Dienst tun durfte, blieb ich mit ihm durch seinen Dolmetscherdienst bei Vernehmungen und bei vielen anderen sich ergebenden oder erfundenen Gelegenheiten in Verbindung.

Als ich Humms hohe, nach vorn gebeugte Gestalt und seine Habichtsnase in dem hageren Gesicht zum ersten Mal sah, glaubte ich, einen lauernden, zum Sprung bereiten Panther vor mir zu haben.

Jemand sagte hinter mir: „Der hat in Flossenbürg Härte bewiesen."
Ehemalige Häftlinge beurteilten Humm folgendermaßen: Neuner nennt ihn „einen sadistischen Lagerältesten". Der Lehrer Otto Schneider aus München schrieb mir 1952: „Humm war eine Bestie... Vor ihm zitterten wir im KZ Hersbruck."
Dozent Ing. Dr. jur. Paulu aus Prag urteilte: „Der Lagerälteste Humm war ein Tier in Menschengestalt, ein Untier, das am wenigsten legitimiert ist, Ihnen Unannehmlichkeiten zu bereiten. Falls Sie in dieser Hinsicht Zeugenbeweise benötigen sollten, so beantragen Sie, daß ich und weitere Mithäftlinge im Requisitionswege einvernommen werden."
Ich hatte Humm nach dem Kriege gebeten, mich vor dem US-Kriegsgericht in Dachau nicht als seinen Entlastungszeugen anzugeben; denn unter Eid müßte ich die Wahrheit sagen und ihn damit schwer belasten. Daraufhin versuchte er, mich als Agenten der Geheimen Staatspolizei im Lager Hersbruck zu denunzieren. Ich blieb dennoch bei meiner Absage. Der evangelische Anstaltsgeistliche an der Gefangenenanstalt Landsberg/Lech schrieb an meinen Kirchenpräsidenten D. Martin Niemöller am 30. März 1949: „Nach Rücksprache mit einem früheren SS-Angehörigen aus dem Lager Hersbruck bei Nürnberg, einem Außenlager vom KZ Flossenbürg, der zur Verbüßung seiner Strafe Insasse des hiesigen Gefängnisses ist, halte ich es für meine Pflicht, Sie vorsorglich auf eine Gefahr aufmerksam zu machen, die dem hessischen Pfarrer Lenz, Münzenberg, drohen kann. Es entzieht sich meiner Kenntnis, ob Lenz auf Grund seiner Zugehörigkeit zum Lagerkommando in Hersbruck neuerdings vernommen oder gar inhaftiert ist. Er war Schreiber des Kommandoführers und hatte als solcher den anfallenden Schriftverkehr zu erledigen. Der ehemalige Lagerälteste Martin Humm soll vor einem Untersuchungsrichter, Amtsgerichtsrat Dr. Welker vom Landgericht Nürnberg/Fürth, der, von der Militärregierung anscheinend beauftragt, von deutscher Seite in Fragen KZ Hersbruck Vernehmungen durchführt, Lenz stark belastet haben, indem er erklärte, Lenz hätte Anteil an Hinrichtungen, die durch den Lagerführer Schwarz angeordnet und vollstreckt worden sind. Humm stellt die Tätigkeit von Lenz so dar, daß er nicht nur erster Schreiber, sondern Hauptvernehmer und Leiter der politischen Abteilung gewesen sei und damit einem Beamten der Gestapo gleichgestellt. Die Angaben von Humm entsprechen, wie der obenerwähnte SS-Angehörige versichert, niemals den Tatsachen, sondern müßten als Re-

aktion auf eine Ablehnung eidesstattlicher Erklärungen verstanden werden, die Humm zu seiner Entlastung von Lenz gefordert, aber aus Gründen der Wahrhaftigkeit nicht erhalten hat.
Hochwürdigster Herr Kirchenpräsident, ich gebe Ihnen diese Information streng vertraulich und überlasse es Ihnen, Amtsbruder Lenz in geeigneter Weise davon ins Bild zu setzen, damit er weiß, von welcher Seite gegen ihn vorgegangen wird.
Mein persönlicher Eindruck von Humm ist nicht günstig, ich vermute hinter seinem Vorgehen einen Vergeltungsakt und eine ungünstige Einstellung der Kirche und ihren Amtsträgern gegenüber. Der ehemalige SS-Angehörige, SS-Obersturmführer... (gemeint war „Rudi", d. A.), wäre bereit, als Zeuge für Lenz einzutreten. Ich habe keine Veranlassung, in die Wahrhaftigkeit seiner Aussagen Zweifel zu setzen."
Die Hinrichtungen ordnete das Reichssicherheitshauptamt in Berlin an, und die Geheime Staatspolizei Nürnberg (Emmert) ließ sie auf dem Häftlings-Appellplatz im Lager Hersbruck vollstrecken. Der Kommandoführer, also auch Hauptsturmführer Schwarz, mußte jede Flucht melden. Eine für derartige Delikte zuständige „Politische Abteilung" gab es im Außenlager Hersbruck nicht. Sie befand sich im Hauptlager KZ Flossenbürg.
Auch ich wurde von Untersuchungsrichter Dr. Welker in dem für mich zuständigen Amtsgericht Butzbach vernommen. Bei dieser Gelegenheit erfuhr ich, daß man etwa 600 Personen vernommen hatte und dabei so ungefähr jeder über jeden befragt worden war. Wenn ich mich recht erinnere, spielten Humms Verdächtigungen bei meiner Vernehmung überhaupt keine Rolle.
Während des Hersbrucker Prozesses vor dem Landgericht Nürnberg versuchte es Humm noch einmal, mich zu verdächtigen. Das Gericht brachte aber bei meiner Aussage Humms Verleumdungen überhaupt nicht zur Sprache. Erst anschließend hörte ich, daß der Gerichtsvorsitzende dem Angeklagten Humm im Zusammenhang mit seinen Aussagen über meine Person das Wort entzogen und aus dem Gerichtssaal hatte abführen lassen.
Ich selbst unternahm nichts gegen diese unsinnigen Aussagen. Was ich in Hersbruck getan hatte und daß ich durch meine Vernehmungen die Häftlinge gerade dem Zugriff Humms entzogen hatte, war einfach allen daran Beteiligten bekannt.
Der ehemalige Häftling Fritz Korndörfer schrieb mir nach dem Krieg am 14. November 1948:
„Er (Humm) war selbstverständlich der spiritus rector in allem. Ich

habe mich nur immer gewundert, wie man so sadistisch sein kann, daß (der Lagerführer Obersturmführer)... ('Rudi') und der Rapportführer (Methling) sich so beeinflussen ließen. Er ersann alles Unmögliche, um Menschen zu quälen und in der Schreibstube zu martern. Das machte ihm Spaß: (Häftlinge an den auf dem Rücken zusammengebundenen Händen) am Balken aufhängen und schaukeln, bis die Opfer blau wurden, um sie zu einem Geständnis zu bringen.
...Ich habe nie als Rapportschreiber so schlechte Verpflegung bekommen wie in Hersbruck. Er sorgte nur für sich. Mein Mittagessen bestand drei Monate lang aus Brot und (Malz-)Kaffee. Die Steckrüben waren nicht genießbar. Er selbst ging Abend für Abend in einen anderen Block und ließ sich Essen machen. Bestimmt war er der größte Menschenschinder."
In einem mir vorliegenden Bericht einer Nürnberger Zeitung über den Hersbrucker Prozeß in Nürnberg heißt es: „Die Zeugen... erinnerten sich nicht mehr an das Aufhängen von Häftlingen zur Erpressung von Geständnissen, auch der Zeuge Lenz nicht."
Erinnern aber konnte ich mich schon deshalb nicht, weil ich diese brutale Art der Mißhandlung von Häftlingen nicht als Augenzeuge erlebt hatte. Daß mir glaubhaft von solchen „Vernehmungen" berichtet wurde, habe ich ausgesagt. Selbst gesehen habe ich freilich, wie Häftlinge in die Lagerschreibstube taumelten, die Humm mit Faustschlägen so zugerichtet hatte, daß ihnen aus Mund, Nase und Ohren Blut und Schleim flossen.
Humm wurde in Dachau zum Tode verurteilt und zu lebenslanger Haft begnadigt.

Zu der radikalen Führungsspitze gehörte auch Hauptscharführer Fritz Samigk, ein Gastwirt aus Berlin. Er war SS-Arbeitsdienstführer und beaufsichtigte die Arbeitseinteilung der Häftlinge. Am 25. Februar 1949 gab ich über ihn zu Protokoll: „Er schlug, trat und beschimpfte die Häftlinge bei jeder Gelegenheit. Ich habe ihn unzählige Male verwarnt, was er sich gefallen ließ oder mit gottlosem Gespött beantwortete. Einmal bedrohte er mich mit seiner Pistole, nachdem ich ihn in Gegenwart von Forster wegen seines gottlosen Mauls am Kragen gepackt und geschüttelt hatte: ‚Du hast wohl lange keine blaue Bohne in den Kopf bekommen.' Diese Pistole hatte er an der Ostfront beim Erschießen gefangener Polit-Kommissare an sich genommen, wie er mir prahlerisch erzählt hatte. Auf dem Marsch der Häftlinge nach Dachau erschoß er einen Häftling, der aus Hunger in einem Stall ein Ei gestohlen hatte. Es war wohl in Schwaighausen um den 20. April 1945. Als er mir das triumphierend berichtete, habe ich ihn in Gegenwart vieler Häftlinge, obwohl er mir im Dienstgrad übergeordnet war, einen Mörder geheißen und die größten Vorwürfe gemacht. Es kam zu einer heftigen Auseinandersetzung, bei der ich schließlich aus Sicherheitsgründen das Feld räumen mußte."[39]

Die Arbeit der Häftlinge auf der Baustelle überwachte der Arbeitseinsatzführer, SS-Hauptscharführer Grzimek („Schimek"), ein Brauereiarbeiter aus Norddeutschland (?), mit solcher Härte, daß ihn die Häftlinge „Stollenschreck" nannten. Ich glaube, daß viele Häftlinge nur aus Furcht vor diesem Mann von der Baustelle flohen. Doch fast jede Flucht endete bereits innerhalb der Postenketten. Das hatte allerdings bei der anschließenden Vernehmung den Vorteil, daß ich eine tatsächliche Fluchtabsicht ausschließen konnte.

Auch Rapportführer Josef Methling, ein Lagerarbeiter aus Bocholt, gehörte zur Führungsspitze. Er folgte dem strafversetzten Nikolet. Methling war ein primitiver Mensch, der seine Rapporte beim Kommandoführer in plump-strammer Haltung immer mit „Hauptsturmführer, betriffs" begann, wie er denn überhaupt im Umgang mit der Sprache große Schwierigkeiten hatte. Trotzdem hielt ich ihn für harmlos und traute ihm keine Mißhandlungen zu. Er sprach nicht verächtlich von den Häftlingen und reagierte auf meine kritischen Bemerkungen über die Lagerverhältnisse lediglich mit einem Achselzucken. Deshalb überraschte mich die Bemerkung des Lagerschreibers Korndörfer in seinem Brief vom 14. Dezember 1948. Darin schildert er Mißhandlungen durch den Lagerältesten Humm in der Lagerschreibstube und bedauert, daß sich Methling unter dem Einfluß Humms „so beeinflussen ließ".

Methling hatte bis zum Dienstantritt von Lagerschutzhaftführer Obersturmführer „Rudi" am 6. Januar 1945, also zwei Monate lang, die oberste SS-Funktion im Lager unter dem Kommandoführer.[40] Dabei war er noch nicht einmal imstande, den abendlichen Appell durchzuführen. Weil er so kläglich versagte, mußten die Häftlinge stundenlang in Nässe und Kälte draußen stehen bleiben. Im Laufe der Zeit überließ er diese und andere Funktionen dem ihm weit überlegenen Lagerältesten Humm.

SS-Schulungsleiter der Einheit war Rottenführer (Gefreiter) Cor-

dier, ein Gastwirt aus der Pfalz. Ich nehme an, daß er diesen zentralen SS-Auftrag trotz seines niedrigen Dienstgrades erhalten hatte, weil er zu den allerersten Parteimitgliedern der NSDAP zählte. Er hatte eine niedrigere Mitgliedsnummer als Hitler, wie er mir einmal mitteilte. Bei den zahlreichen Gesprächen, die wir unter vier Augen hatten, erwies sich Cordier nicht als NS-Ideologe und Fanatiker. Er hielt wöchentlich in der Kaserne für die Kompanieangehörigen Schulungsabende, bei denen er gegen die Feinde der NS „mit geschwollenem Hals" wütete, wie mir ein „Spitzkopf" noch 1980 berichtete. Die Anwesenheit wurde durch Listen kontrolliert.
Sein Einfluß auf die Männer war, mit Ausnahme einer NS-Minderheit, sehr gering. Die Männer mußten zwar an den Schulungsabenden teilnehmen, aber die Schulung bewirkte überhaupt nichts. Um so erstaunter war ich, als Cordier mich eines Tages auf den Besuch der Schulungsabende ansprach und mir dabei vorhielt, daß ich bisher nicht ein einziges Mal daran teilgenommen hätte. Ich erwiderte, daß der Reichsleiter der NSDAP, Dr. Ley, uns Pfarrer wiederholt als „Medizinmänner und Lügenapostel" bezeichnet hätte und ich außerdem von Obersturmbannführer Koegel die Zusage besaß, nichts gegen mein Gewissen tun zu müssen. Als Christ aber könnte ich an antichristlichen Schulungsabenden nicht teilnehmen. Schließlich erinnerte ich Cordier an unsere Gespräche unter vier Augen, in denen er wiederholt meiner Kritik an den Verhältnissen zugestimmt hatte. Für mich wäre er deshalb ein „Medizinmann und Lügenapostel", der mal so, mal so rede.
Wir bekamen keinen Streit. Aber später hörte ich, daß Cordier über mich und einen neuapostolischen Kameraden, dessen Namen ich nicht mehr weiß, öffentlich geäußert hatte: „Ich weiß ganz genau, Oberscharführer Lenz und Unterscharführer... sind die bösen Geister in der Einheit!"
Ob er über diese Gespräche den Kommandoführer unterrichtete, weiß ich nicht. Ich halte es an sich für selbstverständlich. Dies alles blieb wahrscheinlich nur deswegen ohne Folgen für mich, weil Forster als alter SS-Mann die Partei und ihre Schulungsarbeit verachtete und Schwarz nicht den Mut gehabt hätte, mich zu stellen.

Oberstabsarzt Dr. med. Gerhard Ehrlich gehörte zwar seinem Rang nach zur Führungsspitze, ließ aber immer wieder erkennen, daß er mit diesen Leuten nichts zu tun haben wollte. Im Oktober oder November hatte er die dienstverpflichteten Zivilärzte Dr. Reichel und Dr. Vogel aus Hersbruck abgelöst. Beide Ärzte hatte ich häufiger

in ihren Wohnungen besucht, weil ich ihre Unterschriften brauchte. Dabei durfte ich jedesmal ein offenes Wort riskieren.
Am 14. März 1949 schrieb ich an einen Freund: „Er (Ehrlich) war kein Nazi. Er trug bis zuletzt die Luftwaffenuniform und unterschrieb nur, auch die Totenscheine, wenn der Zusatz ‚Oberstabsarzt der Luftwaffe' (ungekürzt) gemacht war. Er hat sich täglich meine Kritik über die allgemeine politische und militärische und unsere Lagerlage interessiert angehört. Er enthielt sich als Vorsichtsrat jeder Stellungnahme, bekundete mir aber ständig seine Sympathie. Er machte auch hin und wieder Beschwerdeberichte über die Zustände (im Lager). Aber Widerstand und geharnischten Protest brachte er nicht auf. Er ließ halt die Dinge laufen... Auf unserem Elendsmarsch nach dem Süden schloß er sich mir aus zunehmender Bangigkeit um sein Schicksal immer mehr an."

Auch Emmert vom Sicherheitsdienst (SD) in Nürnberg muß zur „Führungsspitze" gezählt werden. Er vollstreckte das Hinrichtungsurteil an dreizehn Häftlingen im Lager Hersbruck, die vom Reichssicherheitshauptamt (RSHA) in Berlin wegen ihrer Flucht von einem geheimen Bauvorhaben während des Krieges zum Tode durch den Strang verurteilt worden waren. Meinen „Hersbrucker Notizen" entnehme ich im Zusammenhang mit diesen Exekutionen folgende Namen- und Datenangaben:
1. Ein Häftling, der vor meinem Dienstantritt in Hersbruck, also vor dem 17. August 1944, in Happurg hingerichtet wurde. Nähere Angaben habe ich nicht.
2. Am 31. August 1944 der Russe Kosinski.[41]
3. u. 4. Am 13. September 1944 zwei Russen.[42]
5. u. 6. Am 27. September 1944 zwei Russen, darunter Morosow.[43]
An eben diesem 27. September schrieb ich über die Hinrichtung nach Hause: „Der eine Häftling ging völlig beherrscht wie ein Russe hin. Der andere, auch ein Russe (Morosow), der mit seiner Begnadigung gerechnet hatte, bat wie ein kleines Kind, wie mir erzählt wurde. Als sogar Nikolet im letzten Augenblick beim Gestapo-Beamten (Emmert) bat, wies dieser ihn mit der kurzen Bemerkung ab: ‚Werden Sie doch nicht human! Befehl ist Befehl!' Und dann mußte der arme Kerl dran..."
Obwohl jeder Häftling wußte, daß ihm beim Scheitern seiner Flucht die Hinrichtung drohte, hatten die Fluchtversuche seit dem Dienstantritt Forsters erheblich zugenommen. Nur wurden die meisten

Flüchtlinge tatsächlich nicht ergriffen, auch wenn man SS-Sicherheitsdienst und Polizeistationen im weiten Umkreis einsetzte. Am 28. September notierte ich: „Bisher 102 Verstorbene, 28 Flüchtlinge, 10 Ergriffene, 6 Erhängte."[44]
7. u. 8. Am 20. Oktober 1944 ein Pole und ein Russe.[45]
9. Am 26. Oktober 1944 der Russe Tarasenko.[46] Ihn hatte man am 22. Oktober „zerschossen" eingeliefert. In der Lagerschreibstube bat er flehentlich „mit Gebärden um sein sofortiges Aufhängen". „Man täuschte ihn vor der Hinrichtung durch Zigaretten und doppelte Essenration", wie mir berichtet wurde.[47]
10. u. 11. Am 1. Dezember 1944 der Tscheche Hemerlik und der Pole Barrabasch. Mir wurde anschließend mitgeteilt: „Sein Landsmann (ein deutsch-polnischer Wachmann d. A.) begleitete ihn, ohne ein Wort für ihn zu haben. Barrabasch griff noch nach dem Strang und hatte Tränen in den Augen."[48]
12. Am 11. Januar 1945 ein Häftling, dessen Name ich nicht notiert habe. „du Placido (ein freier Arbeiter?), der dem Flüchtling Berger eine Lederjacke gegeben haben soll, beteuerte seine Unschuld. Neben einem Gehenkten wird ihm am Galgen eine Schlinge um den Hals gelegt: ‚Bist du es gewesen oder nicht?' – ‚Nein, ich bin's nicht gewesen!' Da kam er frei."[49] So wurde mir berichtet.
13. Am 9. Februar 1945 der Russe Ermago, „der drei Monate in Fesseln auf seine Hinrichtung gewartet hatte. Im ersten Schrecken lief er im Lager zweimal weg." – „Er weinte, als er ‚Absalom' (mein Tarnwort für Hinrichtung) wurde."[50]
Von diesen Hinrichtungen abgesehen, ließ Forster 34 Häftlinge mit dem Antrag auf „Exekution" nach Flossenbürg überstellen. Das waren:
Am 29. Oktober 1944 drei deutsche Häftlinge der „Lagerpolizei".[51]
Am 29. Oktober 1944 der 1. Häftlingsschreiber Neuner, ein Deutsch-Österreicher, der nicht hingerichtet wurde.[52]
Am 29. Oktober 1944 dreißig Russen wegen „Revolte im Lager".[53]
Am 11. Februar 1945 schrieb ich nach Hause: „Ich freue mich, einen jungen Ungarn vor der Sache (Tarnwort für Hinrichtung) bewahrt zu haben."
Doch zurück zu Emmert: Ich begegnete ihm zum ersten Mal am 31. August 1944 vor der Hinrichtung Kosinskis in meinem Dienstraum. Irgend jemand flüsterte mir zu: „Der hat Blut bis an die Ärmel!" Dabei sah er weder brutal noch grausam aus. Im Gegenteil! Der

Fünfunddreißigjährige machte einen durchaus sympathischen Eindruck. Und dennoch: Am Galgen übte er vollkommen ungerührt sein Henkeramt aus. Er war es, der nach einer Hinrichtung den dienstverpflichteten Zivilarzt Dr. Reichel dazu zwang, in meinem Dienstraum auf der Todesurkunde statt „Exekution" „Herzschwäche" einzutragen. Er hatte auch den an sich so harten Rapportführer Nikolet zurückgewiesen, als der für den Russen Morosow um Milde bat.
Als mir befreundete Häftlinge berichteten, wie unmenschlich Gefangene nach einer gescheiterten Flucht behandelt wurden, trug ich dies Emmert vor. Er war dafür zuständig. Wenn ich mich recht erinnere, war dies mein erstes Gespräch mit Emmert.
Am 11. November schrieb ich über diese Begegnung an meine Frau:
„Gestern machte ich auf meine Bitte mit dem Gestapo-Beamten von Nürnberg einen Rund-Schlamm-Waten-Gang[54] durch das Lager und besichtigte mit ihm unsere Wiederergriffenen. Nicht zu beschreiben! Ich war über dieses Heruntergekommen- und Verwahrlostsein von Menschen bis ins Innerste erschrocken. Je zwei in einem dunklen Raum, ohne Unterlage, manche barfuß, so eng, daß sie sich nicht legen können. Und darin manche schon seit Wochen. Wir haben alle zunächst einmal ins Bad gesteckt, rasieren, Haare schneiden und ihnen eine Holzwollunterlage besorgen lassen. Durch den Schlamm im Lager sind wir mit Stiefeln gewatet. Entsetzlich! Und dabei geht das Sterben weiter. Eben 10–15 (pro Tag)! Man kann das bald nicht mehr ertragen, und ich glaube, daß mich dieses Erlebnis hier mein Leben lang nicht mehr loslassen wird."
In diesen Zusammenhang gehört auch die Notiz: „Vigreux in vinculis mortuus est", d. h.: Der französische Häftling Vigreux ist in Fesseln gestorben.[55]
Bei eben dieser Lagerbesichtigung am 10. November hatten Emmert und ich keinen einzigen Häftling in Fesseln gesehen. Sehr wahrscheinlich hätte ich dann bei Emmert durchsetzen können, daß den Häftlingen die Fesseln abgenommen worden wären. Schließlich war auch er über den Anblick entsetzt, der sich ihm bot. Natürlich können die Fesseln auch vor unserem Eintreffen entfernt worden sein. Es könnte aber auch sein, daß Vigreux nach unserer Kontrolle einen zweiten Fluchtversuch unternahm, ergriffen und dann in Fesseln gelegt wurde.
Auf jeden Fall bemühte ich mich – wo ich nur konnte –, gegen diese unmenschliche Behandlung vorzugehen. So schrieb ich am 1. März

nach Hause, und am 12. März notierte ich: „Heute (d. h. am 1. und am 12. März) bekam ich einen frei, der lange in Ketten lag. Welcher Dank kam mir da entgegen!"[56]

Einen Tag später: „In letzter Zeit allerlei Gutes an den Häftlingen getan. Auch erreicht, daß die Rückenfesselung aufgehoben wurde. Als ich hörte, daß die wiederergriffenen Häftlinge (wieder) ohne Decken in den Zellen lagen, habe ich Emmert ins Gewissen geredet und meine Absicht erreicht."[57]

Am 6. Juni 1946 sagte der ehemalige deutsche Häftling Gottfried Doula, der von 1938–1945 politischer Gefangener in Konzentrationslagern, zuletzt im Arbeitslager Hersbruck gewesen war, vor dem Bürgermeister von Münzenberg eidesstattlich aus: „Als ich wegen Fluchtbegünstigung eines Häftlings 14 Tage in Ketten lag und mit meiner Hinrichtung rechnen mußte, ist es der Fürsprache des Pfarrers Lenz gelungen, mich wieder frei zu bekommen. Auch weiß ich, daß Pfarrer Lenz anderen Häftlingen, die wegen Fluchtversuchs mit ihrer Hinrichtung zu rechnen hatten und als Gefangene der Gestapo in Ketten lagen, geholfen hat. Einige wurden auf diese Weise direkt vom Tode gerettet."

Ich erinnere mich, daß Emmert auf ihrer Flucht gescheiterte Häftlinge in das Gestapo-Gefängnis nach Nürnberg bringen ließ. Häufig war ihnen nämlich eine zweite Flucht aus dem Lager Hersbruck gelungen. So notierte ich am 5. Januar 1945: „Der zum zweiten Mal geflohene Häftling Schumow, der sich seiner Fesseln entledigt hatte und im November aus seiner verschlossenen Zelle und dem scharf bewachten Lager geflohen war, wird ertrunken in der benachbarten tiefen Pegnitz aufgefunden."[58]

Ich nehme an, daß diese Häftlinge nur mit Hilfe anderer Häftlinge fliehen konnten. Drei Russen aus dem Lager Hersbruck, die schon längere Zeit nach ihrer mißglückten Flucht im Nürnberger Gefängnis waren, gelang bei einem Bombenangriff der Alliierten die Flucht.

Unmittelbar vor dem Zusammenbruch betrachtete Emmert lange und schweigend das große „Feldherrnbild" Hitlers, das hinter meinem Rücken im Arbeitsraum hing. Plötzlich rief er, deutlich und unüberhörbar: „Dieser Verbrecher!"

Wir waren unter uns. Ob er mir eine tödliche Falle stellen wollte? Ich ging zu ihm und fragte, ohne auf seinen Ausruf einzugehen: „Was haben Sie (nach dem Zusammenbruch) vor?" Er: „Ich tauche unter!" Ich entgegnete: „Ich nicht! Das hat keinen Zweck und ist

nicht in Ordnung. Das Lager Hersbruck muß verantwortet werden!" Er schwieg, und ich schwieg auch.
Es war selbstverständlich, daß in allen Räumen einer deutschen Verwaltung Bilder von Hitler und den führenden Parteigrößen an der Wand hingen. In unserer Kaserne wurden sie erst Ende 1944, allenfalls noch später aufgehängt. Ein Himmler-Bild blieb übrig. Schwarz schlug mein Zimmer vor und ich die Wachstube am Lagertor. Dies sei ein Dienstraum. Schwarz fiel auf meinen Vorschlag herein, und mir blieb ein unmöglicher Anblick erspart.
Nach dem Kriege blieb Emmert „verschollen". Noch 1967 und 1969 suchte die Kriminalpolizei nach ihm. Auch ich wurde einige Male seinetwegen verhört, da „dieser maßgeblich an der Hinrichtung von 15 bis 20 Häftlingen im Lager Hersbruck beteiligt gewesen sein soll". Meinen zuverlässigen Notizen entnehme ich, daß er an „nur" dreizehn Hinrichtungen im Lager Hersbruck beteiligt war. Es ist anzunehmen, daß Emmert sich der Verantwortung durch Selbstmord entzog.

Unter dieser unmenschlich brutalen Führungsspitze wurde das Lager zu einer Hölle für die Häftlinge. Ich schrieb am 26. September 1944 an meine Frau, also nur zwei Wochen nach dem Antritt Forsters: „Ich kann es nicht schildern, es wäre... einfach nicht glaubhaft. Das aber kann ich sagen, daß mir... Herz und Seele blutet über diesem Jammertal in der herrlichen ‚Hersbrucker Schweiz'. Menschenleben gelten hier nichts.... Hier ist alles dahin, was Menschenwürde und vor allem der lebendige Gott fordern."
Ich erinnere mich an den Befehl des Flossenbürger Obersturmführers Baumgartner bei der Vereidigung der an die SS abkommandierten Soldaten: „Seht euch diese Zebras an! Das sind keine Menschen! Das sind Untermenschen! Das sind Staatsfeinde! Seid hart gegen sie! Schlagt sie!... Macht sie fertig!"
Mit dem Dienstantritt Forsters wurde dieser Befehl grausame Wirklichkeit. Daran waren nicht nur die meisten SS-Führer, Unterführer und Kapos, sondern auch einige Angehörige aus der Wachmannschaft und ein paar von den freien Arbeitern der Firmen beteiligt.

Bisher habe ich überwiegend nur von der Führungsschicht des Lagers berichtet. Mein Bericht bliebe aber unvollständig, würde ich darauf verzichten, auf das Verhalten der Wachmannschaft und der freien Arbeiter einzugehen.

Zunächst muß ich betonen, daß nur eine Minderheit der Wachmannschaft den Vernichtungsbefehl Baumgartners befolgte. Das waren vor allem deutsche, ukrainische und litauische Angehörige der Waffen-SS. Von den Angehörigen der Luftwaffe und des Heeres, die zur Waffen-SS abkommandiert worden waren, haben sich nur wenige an den Häftlingen vergriffen.
Besonders fielen mir die jungen Ukrainer auf, deren Baracke auf dem Lagergelände stand. Von meinem Fenster konnte ich sie beobachten. Als sie hier ankamen, sollen sie mit ihren dick gefüllten Brieftaschen geprahlt haben; alles Geld, das sie den Juden in der Ukraine abgenommen hätten.
Am 10. Dezember notierte ich: „Ein ukrainischer Unterscharführer schlägt mit dem Kolben einen Häftling tot. Ein anderer zerschlägt einem Juden das Steißbein, weil er für ihn keine Zigarette übrig hatte."[59] Und am 29. Dezember schrieb ich nach Hause: „Wir haben mit den ukrainischen Wachsoldaten unsere Last. Sie schlagen die Häftlinge zuschanden. Drei haben sie jetzt totgeschlagen. Ich habe ihnen ein SS-Gerichtsverfahren in Flossenbürg an den Hals gearbeitet (d. h. Schwarz hat auf mein Drängen ein Gerichtsverfahren in Flossenbürg gegen sie beantragt). Ein halsstarriges und freches Volk, das sich meine früheren Sympathien verscherzt hat."
Wenn ich sie ermahnte, reagierten sie frech und unverschämt. Ich kann mich nicht erinnern, daß auch nur ein Gerichtsverfahren gegen sie eröffnet wurde.
Freilich gab es auch unter ihnen Ausnahmen. So schrieb ich am 15. Februar 1945: „Hier ist jetzt ein ukrainischer Unterscharführer mit einer Maschinenpistole und 70 Schuß (Munition) und einer Pistole mit 30 Schuß Munition gemeinsam mit einem russischen Häftling geflohen. ‚Schöne Zustände!'"
Auch die Litauer fielen wegen ihrer Härte auf. Von dem brutalen Verhalten eines Litauers, der einen schon bewegungsunfähigen Häftling erschossen hatte, habe ich bereits berichtet.
Ein Italiener klagte über die Kälte und sehnte sich nach Sonne: „In Sicilia molto sole!" Er würde so gern seine Familie und sein piccolo bambino noch einmal sehen. Worauf ein Litauer entgegnete: „Im Krematorium einmal viel warm!"[60]
Wiederholt kamen Beschwerden, daß auch freie Arbeiter deutscher Baufirmen die Häftlinge mißhandelten. „Einige Zivilvorarbeiter haben so furchtbar geschlagen, daß zwei Häftlinge tot eingeliefert wurden und 50 ins überfüllte (Kranken-)Revier nicht aufgenommen werden konnten."[61]

„Steiger Weilharter, ein großer Menschenschinder, der viele Häftlinge geschlagen hatte, und gegen den wir gerade vorgehen wollten, verunglückte im Bergbau tödlich. Gottes Strafgericht!"[62]
Die übergroße Mehrzahl der freien Arbeiter aber verhielt sich korrekt. Und obwohl sie sich damit selbst in große Gefahr brachten, setzten sich manche sogar tatkräftig für Häftlinge ein. „Ein Zivilfranzose, der einem Häftling zur Flucht verholfen hatte, wird in Ketten eingeliefert."[63]

Zu dieser grausamen Wirklichkeit gehörte die stets gegenwärtige, schreckliche Automatik des Lagerlebens in achtzehn überbelegten Unterkünften und den beiden total überfüllten Baracken des Krankenreviers und des Schonblocks ebenso wie die Mißhandlungen auf der Baustelle, die zermürbenden Zählappelle und der chronische Mangel an Heiz- und Brennmaterial.
Vollends unerträglich wurde das Leben für die Häftlinge durch das kalte, winterliche Wetter. Es verwandelte das Lager in einen einzigen Sumpf, und die Leiden der Häftlinge, die völlig unzureichend, z. T. ohne Unterwäsche und Hemd, mit dünnem Drillich bekleidet waren, steigerten sich ins Unermeßliche.
Von meinem Fenster aus konnte ich täglich heimkehrende Arbeitskommandos beobachten, die ihre sterbenden und toten Kameraden mitbrachten. Sie standen oft vor dem nahen Lagertor und danach stundenlang, selbstverständlich ohne Rücksicht auf die Witterung, auf dem Lagerappellplatz.[64]
Der ehemalige Rapportführer Korndörfer schrieb mir am 14. November 1948: „Was machte Humm doch für unnötige Appelle. Nie stimmte der Rapport (Stärkemeldung) bei ihm, wohl bei mir. Es war nicht seine Angelegenheit, den Rapport abzunehmen, sondern meine."
Unvergeßlich ist mir der Anblick einer marschierenden Kolonne, der ich Anfang November auf der Amberger Straße bei Tageslicht begegnete. Ein fernes, unbekanntes, monoton schlurfendes Geräusch ließ mich aufhorchen, bis ein größeres Häftlingskommando vor mir auftauchte, das wie ein Gespensterzug schweigend an mir vorbeizog. Schwache, kraftlose Gestalten hatten sich an ihre noch etwas kräftigeren Mitgefangenen gehängt, Sterbende wurden von je vier Häftlingen an Armen und Beinen getragen und die Toten am Schluß der Kolonne an den Armen über die Straße geschleift. Ein Bild des Entsetzens! Mich zerriß geradezu das Elend dieser heruntergekommenen, abgemagerten, ausgemergelten, vor Kälte schlot-

ternden, kranken, hoffnungslos starrenden, vom Tode gezeichneten Menschenbrüder, an denen ich gedemütigt und in vollkommener Ohnmacht vorüberging.
Tag und Nacht zogen diese Arbeitskommandos durch die lange, bewohnte Amberger Straße ostwärts nach Pommelsbrunn oder westwärts bis an den Altstadtkern von Hersbruck und an ihm entlang in Richtung Happurg. Viele Hersbrucker – von denen ich nur Dekan Kirchenrat Monninger, die Familie Baurat Eckstein, Kaufmann Rösel, Bürgermeister Dr. Neußinger, Stadtsekretärin Vogt und den Gendarmeriewachtmeister Schäfer nennen möchte – haben mir damals voll ohnmächtiger Wut ihre Abscheu vor diesem teuflischen System und ihr Mitgefühl mit den Häftlingen bekundet. Mit dem Bau einer eigenen großen Verladerampe gegenüber der Kaserne entfielen dann diese Märsche in aller Öffentlichkeit.
Der sich ständig verschlechternde Zustand dieser Kolonnen, die zahllosen Todesfälle bei den Appellen, überhaupt die rapid steigenden Totenzahlen zeigten ohne Zweifel auch Forster den unaufhaltsamen Abstieg in die Katastrophe.
Weil ich mich nicht auf Schätzungen verlassen, sondern genau wissen wollte, wie viele Häftlinge in Hersbruck gestorben waren, hatte ich das Standesamt des KZ Flossenbürg darum gebeten, mir die Totenzahl der überstellten Kranken mitzuteilen. Von dort erfuhr ich am 9. Januar 1945, daß von den bis Ende Oktober nach Flossenbürg gebrachten 665 Kranken 303 gestorben waren, daß also von rund 4100 Hersbrucker Häftlingen in zwei Monaten 528 durch Tod und 1012 durch Krankheit, insgesamt also 1540 ausfielen. Ich notierte: „Ach Gott, erbarme dich!... Im Einsatz befanden sich nur noch 2600!!"[65] Diese enorm hohen Ausfälle erhöhten sich noch bis zum Kriegsende.

Man hatte mich gebeten, die Beerdigung des gestorbenen Organisten und Lehrers Morell aus meiner Pfarrei Trais-Münzenberg zu halten. Forster lehnte meinen Antrag auf einen Kurzurlaub „aus dienstlichen Gründen" ab. Morell gehörte zur Bekennenden Kirche, war kein Nationalsozialist, aber ein Bruder des Leibarztes Hitlers.
Sein Bruder hatte Hitler über seinen Patienten Alfred Rosenberg kennengelernt, war von diesem zum Leibarzt berufen und zum Professor ernannt worden. Während eines Besuches bei seinem Bruder kam er zu mir nach Münzenberg, um sich über den Kirchenkampf unterrichten zu lassen. Er hörte sich meinen Bericht über die Lage

der Bekennenden Kirche, das Verhalten der Obrigkeit und der NSDAP und über den weitverbreiteten Unwillen der Bevölkerung interessiert an. Irgendein Engagement für den Nationalsozialismus konnte ich nicht erkennen. Auf die Frage seines Bruders, ob man Hitler nicht über die wahre Einstellung des Volkes aufklären könne, erwiderte er, so etwas sei unmöglich. Auch er würde nur bei guter Gelegenheit hin und wieder „die Wahrheit" scherzhaft andeuten.
Eine Woche später erhielt ich von Forster doch noch „sieben Tage Urlaub zur Regelung von Gehalts- und Gemeindefragen".[66] Der Kirchenvorstand Münzenberg hatte mich darum gebeten, ihm gegen den NS-Bürgermeister beizustehen, der unseren Kirchengemeinderaum für militärische Zwecke beschlagnahmen wollte. Zu meiner großen Überraschung genehmigte mir Forster den Kurzurlaub, als ich ihm berichtete, daß die Beschlagnahme militärisch überhaupt nicht erforderlich sei. Meiner Gemeinde aber würde man den einzigen Raum für ihre Veranstaltungen entziehen, besonders für den Konfirmandenunterricht und für die Gottesdienste während des Winters. „Gehen Sie schon hin, und sagen Sie dem ‚Sauhund' Ihre Meinung!"
Wenn auch das Wort „Sauhund" bei Forster üblich war und der knappe Befehl ohne jeden persönlichen Zusatz seinem Umgang mit mir und jedermann entsprach, fiel mir sein Haß gegen einen NS-Bürgermeister auf, und das immerhin in einer kriegsbedingten Kirchenfrage. Schon vor einiger Zeit hatte er den Ortsgruppenleiter von Hersbruck, der bei ihm einen offiziellen Besuch machte, mit peinlicher Geringschätzung empfangen. Diese parteiunfreundliche Haltung entsprang dem Hochmut der SS gegenüber der Partei, die ihr nicht radikal genug war.
Als ich dann bei dem Bürgermeister „auf Befehl meines SS-Kompanieführers" vorsprach, verzichtete er auf die Beschlagnahme des Kirchengemeindesaals.
In diesen sieben Tagen durfte ich in meinen beiden Gemeinden wieder seelsorgerlich tätig sein. Ich besuchte neben vielen Kranken einen Sterbenden, hielt zwei Bußtagsgottesdienste mit Taufe, zwei Konfirmandenstunden und eine Beerdigung. Zu predigen hatte ich über Jeremia 17,5-8. Den langen Text gebe ich hier verkürzt wieder: „So spricht der Herr: Verflucht ist der Mann, der sich auf Menschen verläßt und hält Fleisch für seinen Arm und mit seinem Herzen vom Herrn weicht... Der wird nicht sehen den zukünftigen Trost, sondern wird bleiben in der Wüste... Gesegnet aber ist der Mann... der sich auf den Herrn verläßt... Der ist wie ein Baum am

Wasser gepflanzt... Er fürchtet sich nicht, wenn ein dürres Jahr kommt, sondern er bringt ohne Aufhören Früchte."
Ich begann meine Predigt laut Manuskript: „‚‚So spricht der Herr!‘ Wenn das nicht wäre, wenn das nicht auch heute in Deutschland und in Münzenberg gälte, hätte ich nicht den Mut zu predigen..."
Die Partei war wohl durch mein plötzliches Erscheinen so überrumpelt, daß sie weder Spitzel in den Gottesdienst geschickt hatte noch eine Anzeige gegen mich erstattete. Es war ein anstrengender Dienst für mich, aber er gab mir auch viel Freude und Trost. Vielen Gemeindegliedern berichtete ich über meine Erlebnisse in Hersbruck. Sie waren alle entsetzt. Einer allerdings schwieg aus Angst. Er war vom Kriegsdienst für seine Landwirtschaft freigestellt worden und fürchtete, jetzt doch noch eingezogen zu werden.

„Zurück aus dem Urlaub. Inzwischen täglich 30–40 Tote." Noch am 8. und 13. November hatte ich „nur" zehn bis fünfzehn Tote an jedem Tag notiert.

„Dazu kam ein Bahnunglück eines Häftlingstransportes bei Flossenbürg, 100 tote Häftlinge und 10 tote Wachmänner."[67] Ich glaube aber nicht, daß es sich dabei um einen Hersbrucker Transport handelte.

Nachdem das Krematorium in Nürnberg seit längerer Zeit die Einäscherung der verstorbenen Häftlinge unseres Lagers wegen Überlastung eingestellt hatte, waren im Lager Happurg Verbrennungsöfen aufgestellt worden. Weil aber auch sie wegen der überaus hohen Totenzahlen nicht ausreichten, ging man zu wöchentlichen Verbrennungen an abgelegenen Waldstellen bei Schupf, Hubmersberg und noch einer dritten Stelle über, an die ich mich aber nicht mehr erinnere. Die Verbrennungsstätte von Schupf und Hubmersberg besuchte ich nach dem Krieg mit meiner Frau.

Die erste Verbrennung fand am 26. November bei Schupf statt. „190 nackte Tote wurden im Wald verbrannt. Aufschichtung der Toten auf Schienen, dazwischen Holz und Öl" über einem großen Erdloch.[68]

Am 24. Februar 1950 schrieb mir Frau Eckstein aus Hersbruck nach ihrer Vernehmung durch die Kriminalpolizei. Demnach hätte ich ihr Ende November 1944 mitgeteilt, daß diese Verbrennung am Totensonntag stattfand, man dafür 10 Festmeter Holz und 200 l Rohöl anforderte und daß die Häftlinge, die ihre toten Mitgefangenen verbrennen mußten, mit Brandwunden zurückkehrten. In meinen Notizen und Briefen finde ich keine Angabe über die Öfen in Happurg

und die Verlagerung der Verbrennungen in die Wälder. Weil diese Aktionen während meines Urlaubs geplant und vorbereitet wurden, weiß ich selbst nur wenig darüber.
Bei der nächsten Verbrennung konnten die 160 Toten wegen Nässe nur unter großen Schwierigkeiten verbrannt werden.[69] Ein Anhänger voll nackter Leichen löste sich bei der Auffahrt, rollte in das Tal, kippte um, und die Toten wurden auf die Straße geschleudert.
„Dritte Verbrennung im Wald: 150 Häftlinge. Alle Toten sind fürchterlich zugerichtet."[70]
Von meinem Fenster aus sah ich den gewaltigen Rauchpilz aus einer bewaldeten Höhe bei Schupf emporsteigen. Viele Kilometer weit war er nicht zu übersehen. Hauptsturmführer Schwarz habe ich bald nach seinem Dienstantritt am 14. Dezember dieses brutale Verfahren vorgehalten. Ich bat ihn: „Hauptsturmführer, wenn Sie schon dieses furchtbare Sterben nicht hindern können, könnten Sie doch die Toten wenigstens im Wiesengrund der Pegnitz bestatten lassen." Schwarz ganz entsetzt: „Aber, Kamerad Lenz, dann werden sie doch später gefunden!" Ich: „Hauptsturmführer, so oder so ist hier nichts zu verbergen. Diese Rauchpilze kann jeder Hersbrucker sehen." Vielleicht hatte man sogar aus diesem Grund die Verbrennungsstätte von der Höhe bei Schupf in eine kleine Waldsenke vor Hubmersberg verlegt.
Von weiteren Verbrennungen steht nichts in meinen Notizen. Sie fanden aber bis zum Kriegsende sogar mehr als einmal in der Woche statt.
Trotz gnadenloser Härte erreichte Forster sein Ziel nicht. Seine eiskalte Brutalität trieb die Häftlinge in immer größere Verzweiflung und das Lager in den Zusammenbruch. Daran konnte auch sein Nachfolger Schwarz nichts ändern. Die Zahl der Toten, Kranken und Arbeitsunfähigen wuchs ständig, während die Arbeitsleistung auf der Baustelle immer tiefer sank.
An der Front brach alles zusammen, und die Alliierten rückten unaufhaltsam von allen Seiten näher. Die verheißene Wunderwaffe, an die ich nicht geglaubt hatte, blieb aus. Das Ende des „Dritten Reiches" nahte.
Ich bin ziemlich sicher, daß Obersturmbannführer Koegel bei seinen Besuchen nach der regelmäßigen Bemerkung: „Kamerad Lenz, wir benötigen Sie nicht mehr!" mit Forster über die Lage sprach und daß Forster wußte, was ihn nach dem drohenden Zusammenbruch erwartete. Das konnte auch ihm nicht gleichgültig sein. Aber er sagte nichts. Sein Verhalten war um so eindeutiger. Schon am 3.

November, d. h. knapp zwei Monate nach seinem Dienstantritt, notierte ich: „Forster kümmert sich um nichts, geht auch nicht auf die Baustelle (was er sonst täglich tat) und läßt alles laufen."[71] Er stierte auf seinen leeren Schreibtisch, kratzte sich im Genick immer an derselben Stelle blutig und fluchte vor sich hin.

Vier Wochen später häufen sich meine Notizen über ihn: „Forster (beim Lesen der) Zeitung. Deutsche nach Sibirien: ,Hä, hä, ohne mich!' Seine Lethargie."[72]

Die brutale Deportation von vielen hunderttausend Deutschen nach Sibirien, die vor zweihundert Jahren hochwillkommen an der Wolga, am Don und im Kaukasus angesiedelt worden waren, ließ ihn an seine eigene Zukunft denken. „Ohne mich!"

Am 8. Dezember notierte ich: „Forster total fliegergeschädigt: ‚Verdammte Scheiße!' "[73]

„Obersturmbannführer Martin Koegel, Kommandant des KZ Flossenbürg, der öfter zu Kontrollen kam, besichtigte im November 1944 das Lager auf eine Beschwerde der benachbarten Zivilbevölkerung über zahlreiche Mißhandlungen, die beim Polizeiführer, SS-Obergruppenführer Martin, Nürnberg, eingegangen war. Hierbei schlug Koegel den ersten Häftling, der am Wege stand und ihn vielleicht nicht schnell und stramm genug gegrüßt hatte, zusammen. Das berichtete Forster knapp und bissig unmittelbar danach in meinem Arbeitsraum" (Protokoll vom 25. Februar 1949).

Forster wurde am 14. Dezember 1944[74] durch den neuen Kommandoführer Schwarz abgelöst. Ohne irgend etwas zu sagen, ohne Verabschiedung von seiner Kompanie und ohne jede Bemerkung zu mir war Forster wie vom Boden verschwunden. Am anderen Morgen hörte ich nur, daß ihn Kompaniespieß Schulz am Abend zuvor zum Bahnhof begleitet und dort mit ihm einen Abschiedstrunk gehalten hatte. Später hieß es: „Forster kam wegen seiner unmenschlichen Art weg. Es heißt in die Slowakei zu einer SS-Nachschubeinheit an der Ostfront. Dort wird er nun rennen (fliehen) und fluchen können. Welch ein satanischer Mensch!" (Brief vom 23. Januar 1945.)

Niemand sprach auch nur ein Wort von ihm. Wahrscheinlich hat er sich beim Zusammenbruch, so wie Koegel, Emmert (?), aber auch wie Sprenger, Reichsstatthalter und Gauleiter meines Heimatlandes Hessen, selbst getötet, um sich der Verantwortung zu entziehen. „Hä, hä, ohne mich!" Er irrte. Niemand kann sich der Verantwortung vor dem lebendigen Gott entziehen. „Schrecklich ist es, in die Hände des lebendigen Gottes zu fallen" (Hebräer 10,31).

Über 130 Tage unter Kommandoführer Schwarz

SS-Hauptsturmführer Ludwig Schwarz kam von der Ostfront in das Lager. Er hatte als Hauptmann der Artillerie längere Zeit vor Leningrad gekämpft und war mit dem Eisernen Kreuz 1. Klasse ausgezeichnet worden. Weder Fügner noch Forster besaßen irgendwelche Frontauszeichnungen. Schwarz war verheiratet und nahm von Hersbruck aus an der Taufe seines Kindes teil. Im Zivilleben war er Diplom-Braumeister.
Schwarz verkörperte den Typ des pflichtbewußten Beamten, des anständigen Bürgers und des gehorsamen Untertanen. Er war fleißig, aber unentschlossen; beherrscht, aber unter vier Augen nervös; freundlich, aber distanziert. Für ihn war Treue in der Ehe eine Selbstverständlichkeit, aber Ehebrecher in seiner Kompanie wies er nur bei Verstößen gegen die Dienstvorschriften zurecht. Häftlingen gegenüber verhielt er sich korrekt. Er selbst mißhandelte niemanden, aber Mißhandlungen durch andere nahm er hin. Obwohl Parteigenosse, war er doch kein NS-Ideologe, wenn er auch, wie so viele, unkritisch dem „Führer" vertraute.[75] Menschen wie Schwarz waren selbst bei den SS-Führern kein Einzelfall. In diesem Zusammenhang möchte ich auf die beiden Abschnitte „Leistungen" und „Erfolge" in S. Haffners „Anmerkungen zu Hitler" verweisen.

Nachdem bereits bis Ende Oktober 665 kranke Häftlinge nach Flossenbürg gebracht worden waren, folgten einen Tag vor Weihnachten 1944 730 Kranke, die in unserem eigenen Krankenblock nicht mehr aufgenommen werden konnten. Sie verließen das Lager durch den hinteren Lagerausgang über die Amberger Straße, bis sie zu unserer Rampe am Bahngleis „Hersbruck rechts" kamen. Diesen Häftlingszug konnte ich von meinem Arbeitsraum aus nicht sehen. Als Schwarz niedergedrückt zurückkehrte, bat ich ihn deshalb, an die Verladerampe gehen zu dürfen. Ich wollte mir den Anblick dieses Elends nicht ersparen; denn so etwas darf nicht vergessen werden. Außerdem hoffte ich insgeheim, vielleicht in dem einen oder anderen Fall doch ein wenig helfen zu können.
Voller Entsetzen sah ich dann den endlosen Zug ausgemergelter, schwankender und in der Kälte zitternder Häftlinge, die in dünner Häftlingskleidung ohne Decken dahinschlichen. Ich rannte in die Kaserne zurück und rief Schwarz erregt zu: „Hauptsturmführer, bekommen denn diese Menschen keine Decken?"

Geradezu verzweifelt stieß er hervor: „So gehen Sie doch hin und sorgen dafür, daß Decken ausgegeben werden."
Das tat ich sofort und mit Erfolg. Decken gab es genug. Ich nehme an, daß es sich hier um Schlamperei der unteren Lagerverwaltung handelte und nicht etwa um einen Befehl des KZ Flossenbürg. Möglicherweise aber wollte man sich auch auf diese besonders grausame Weise der ohnehin nicht mehr leistungsfähigen Menschen entledigen. Das wäre durchaus im Sinne der Ansprache von Obersturmführer Baumgartner bei der Vereidigung gewesen.
Ich ging dann noch auf die lange Rampe. Dort standen Hunderte menschlicher Skelette zitternd eng aneinandergedrängt in der Kälte, oder sie lagen schwach, mit verlöschenden Augen an windgeschützten Stellen. Was sollte ich tun? Schreien? Toben? Was hätte das schon geändert? So lief ich davon, voller Scham.

Bei meiner Vernehmung durch die Ortspolizei Münzenberg am 25. Februar 1949 „Betr.: Voruntersuchung gegen Geschwendner und Genossen wegen Mord u. a." gab ich für den Untersuchungsrichter II beim Landgericht Nürnberg-Fürth „auf Befragen" meine „Beobachtungen und Wahrnehmungen über Mißhandlungen und Tötungen von Häftlingen" zu Protokoll. Hieraus zitiere ich:
„Unterscharführer Zach mißhandelte ständig, z. B. am Lagereingang drei Juden durch Schlagen, langes Niederknien auf dem Schotter und Reiten auf Stangen (Hoden!). Als ich das Schreien in meinem Raum hörte, untersagte ich ihm vom Fenster aus weitere Mißhandlungen unter Berufung auf die Lagerordnung, die Mißhandlungen in deutschen Konzentrationslagern verbot!
Nach einiger Zeit gab mir der Posten am Lagereingang Zeichen, daß die Mißhandlungen hinter der Baracke des Arbeitsdienstführers (Hauptscharführer Samigk) weitergingen. Derweilen erschien Hauptsturmführer Schwarz im Dienstraum. In meiner Empörung warf ich unter heftigen Protestausbrüchen gegen die dauernden Mißhandlungen einen Aktendeckel vor ihm auf den Tisch und erklärte: ‚Ich tue hier nicht mehr mit!' Schwarz nahm den Protest an, stellte Zach zur Rede. Eine Bestrafung wagte er trotz meiner Aufforderung nicht."
Dieselbe Unentschlossenheit zeigte Schwarz bei meinen Beschwerden über die Verbrennung der Toten im Wald und über das grausame Verhalten ukrainischer Wachmannschaften, die Häftlinge furchtbar mißhandelten, ja totschlugen. Nur weil ich keine Ruhe

gab, beantragte Schwarz schließlich gegen die Schuldigen ein Gerichtsverfahren in Flossenbürg.[76]
Nur einmal befahl mich Schwarz in militärischer Form vor seinen Schreibtisch. „Kamerad Lenz, Obersturmführer... („Rudi") hat bei mir Beschwerde gegen Sie geführt, weil Sie, auch mit Kameraden, mitunter in den katholischen Gottesdienst gehen." Ich antwortete, daß ich nach Möglichkeit an jedem Sonntag mit Freunden zum Gottesdienst in die entfernter liegende evangelische Kirche gehe. Hätte ich aber wenig Zeit, würde ich auch schon einmal in die katholische Kirche gehen, die in der Nähe des Lagers stand.
Ein telefonischer Anruf unterbrach die gerade begonnene Verhandlung, bei der ich auf gar keinen Fall nachgeben wollte, zumal Obersturmbannführer Koegel mir Gottesdienstbesuch, Gewissensfreiheit u. a. zugesichert hatte. Schwarz verließ den Raum, und damit war die Angelegenheit erledigt.

Aus mir völlig unverständlichen Gründen hatte Kamerad Bergfeld, der nicht zu dem engeren Kreis der »Spitzköpfe«, aber doch zum weiteren Freundeskreis gehörte, beim Brotabladen einen Laib in das Gebüsch geworfen. Dabei war unsere Verpflegung ausreichend und ließ nichts zu wünschen übrig. Diesen Vorfall hatte man Schwarz gemeldet. Ich wußte noch nichts davon, als Bergfeld hilfesuchend bei mir hereinschaute, aber sofort wieder verschwand, als er auch Schwarz sah.
Schwarz hatte ihn erkannt und berichtete mir von dem Vergehen „eines Ihrer Spitzköpfe". Bergfeld mußte damit rechnen, daß man ihn nach Flossenbürg brachte und dort hart bestrafte. Vermutlich übergab mir Schwarz nur deswegen diese Angelegenheit, weil er einer schwierigen, für ihn unangenehmen Entscheidung aus dem Wege gehen wollte. Mit Bergfeld sprach ich. Damit war der Fall erledigt. Weil aber Bergfeld zuvor den Spieß mit einer „Dame" in die Kaserne hatte gehen sehen, mir das mitgeteilt und ich es Schwarz gemeldet hatte[77], rächte sich der Spieß später an ihm. Bei der ersten Gelegenheit ließ er Bergfeld an die Front abkommandieren. Als ich davon hörte, war es zu spät, noch etwas für ihn zu tun.
Doch wieder einmal hatte sich am Verhalten des Lagerkommandanten Schwarz gezeigt, was mir der Lagerschreiber Korndörfer 1946 in einem Brief bestätigte: „Schwarz war der Mann, der in allem so unschlüssig war."

Schwarz mißhandelte persönlich niemanden. Das bezeugten auch

viele Häftlinge. Selbst das folgende Erlebnis kann nicht als Gegenbeweis gelten. Schwarz war gemeldet worden, im Lager sei eine „Revolte" ausgebrochen. Darauf nahm er Kompaniespieß Schulz und mich in das verdunkelte Lager mit, vielleicht nur zu seinem Schutz.
Schon am Lagertor verschwand Schulz in der Dunkelheit, ohne sich abzumelden. Wortlos gingen wir beide über den Appellplatz zur Lagerschreibstube. Eine unheimliche Stille herrschte im Lager. Nichts war zu sehen, nichts zu hören. Aber man spürte, daß Menschen in der Dunkelheit über den Platz huschten.
Plötzlich stolperte Schwarz über einen am Boden kriechenden Häftling. Nervös wie er war, trat er unbeherrscht auf ihn ein, bis es dem Häftling gelang, den Fußtritten zu entkommen. Mich hatte dieser Vorfall so empört, daß ich mich vollkommen unmilitärisch abmeldete: „Hauptsturmführer, ich gehe!" und das Lager verließ.
Die „Revolte" hatte darin bestanden, daß russische Häftlinge in Selbstjustiz den Russen Iwan bestraften, der bei Hinrichtungen geholfen hatte. Ob Schwarz diese russischen Häftlinge nach Flossenbürg gemeldet hat, weiß ich nicht. Ganz gewiß aber übte Humm mit seinen Helfern Lynchjustiz im Lager.
Obwohl ich also dieses Erlebnis mit Schwarz hatte, bleibe ich bei meinem Urteil: Schwarz mißhandelte niemanden! Aber: „Er ließ es zu, daß der Lagerälteste Humm in seiner Gegenwart bei einem Appell erbarmungslos auf Häftlinge einschlug." Das schrieb mir der Lehrer Schneider, ein ehemaliger Häftling, am 19. Juli 1952. Sehr wahrscheinlich fürchtete Schwarz den gefährlichen Denunzianten Humm, den auch ich fürchtete.

Mein „paradoxes" Urteil über den Lagerkommandanten Schwarz bestätigen zwei Schreiben ehemaliger Häftlinge in Hersbruck, die sie mir nach dem Krieg für ein Begnadigungsverfahren des zum Tode verurteilten Schwarz schickten.
Dozent Ing. Dr. jur. Paulu aus Prag schrieb mir am 14. Mai 1947 u. a.: „Ich war Häftling in einigen Gefängnissen, Zuchthäusern und Konzentrationslagern wie Theresienstadt, Flossenbürg, Hersbruck und Dachau und hatte daher Gelegenheit, die Art und Weise der Behandlung von Häftlingen seitens verschiedener Kommandanten und Aufsichtsorgane kennenzulernen und am eigenen Leibe zu verspüren, wirklich zu erleben. Der einzige Kommandant von allen, der wirklich ein anständiger Mensch war, war der Lagerkommandant von Hersbruck, Schwarz.

Niemals sah ich ihn – und ich war mit ihm fast täglich im indirekten Verkehr – daß er mit Häftlingen schlecht umgegangen wäre... ja, ich hörte ihn sogar niemals Häftlinge anschreien. Der wirkliche Schrecken des Lagers war der Lagerälteste Martin Humm, ein Sadist der größten Prägung, in Wahrheit ein menschliches Ungeheuer.
Ich versah die Funktion eines Blockschreibers. Das bedeutete, daß ich den ganzen Block eigentlich führte, und da ich kein Deutscher war und weiter deshalb, weil ich Reserveoffizier bin und im Range eines Hochschullehrers stehe, mußte ich von Humm die schwersten Beleidigungen dulden und wurde von ihm einige Male sogar schwer körperlich mißhandelt, so daß ich die Folgen davon noch heute verspüre. In dieser schwersten Zeit wendete ich mich gegen die Lagervorschrift an den Kommandanten Schwarz, der jede weitere Mißhandlung verbot und mir zum Zeichen einer gewissen Gunst... sogar die besondere Erlaubnis gab, lange Haare tragen zu dürfen. Weiter bewilligte er mir und noch anderen Häftlingen eine Existenzkorrespondenz, die sonst in anderen Lagern nicht bewilligt wurde. Vielleicht der einzige Fehler, den ich an dem Lagerkommandanten Schwarz aussetzen könnte, könnte in dem Umstand liegen, daß er den im Lager verübten Grausamkeiten nicht imstande war, sich zu widersetzen oder sich nicht widersetzen konnte."

Prokurist Stefan Köves, Budapest, der sich im Lager Eugen Bognár nannte, schrieb mir am 16. April 1947 u. a.: „Was die Angelegenheit des Lagerführers Schwarz anbelangt, so kann ich, auf mein Gewissen hörend, ein Entlastungszeugnis nicht machen. Die Zustände in Hersbruck und all diese Schande und Jammer, was dort geschehen ist, schreit zum Himmel, und er war der Leiter dieses Vernichtungslagers. Wenn ihm persönlich nichts Belastendes aufgelegt werden kann, doch wußte er alles und ließ alles walten. Die Gnade sei bei Gott."
Kurz gesagt: Schwarz war „ein anständiger Kommandant", aber „er ließ alles walten".[78]
Wie sich diese Widersprüchlichkeit erklären läßt? Vielleicht damit, daß Schwarz nicht nur den Fahneneid bei der Wehrmacht geleistet hatte, und zwar unter Anrufung Gottes, die den Gehorsam begrenzte, sondern auch den Eid bei der SS ohne Anrufung Gottes auf unbedingten Gehorsam. Aus seiner Sicht war er also dazu verpflichtet, seinen Dienst zu tun; eine Befehlsverweigerung konnte man von ihm nicht erwarten.

„Wer ohne Sünde ist, werfe den ersten Stein", spricht der Herr (Joh. 8,7). Das gilt für alle Zeitgenossen, aber auch für alle, die aus der Rückschau urteilen. Nur wer unter einer solchen satanischen Obrigkeit leben mußte und persönliche Entscheidungen mit derart schwerwiegenden Konsequenzen zu treffen hatte, kann einer Persönlichkeit wie Schwarz einigermaßen gerecht werden.

Von früh bis spät versah dieser Mann – korrekt, pünktlich, beinahe pedantisch – seinen Dienst im Lager, auf der Baustelle, bei der Kompanie und am Schreibtisch. Dem gleichermaßen aufdringlichen wie unterwürfigen Lagerältesten Humm verbot er sofort seine täglich wiederholten Vorsprachen. Nur die notwendigsten Rapporte anderer Mitarbeiter nahm er im Dienstraum entgegen. Den größten Teil seines Innendienstes, der Verhandlungen u. a. verlegte er aus dem Kommandoführer-Raum an den Schreibtisch seines Wohnzimmers. So kam es, daß ich nicht mehr wie bei Forster im Schnittpunkt der Ereignisse saß, der täglich mehrere Stunden im Kommandoführer-Raum zugebracht hatte. Doch mehr als unter Forster konnte ich jetzt mit befreundeten Häftlingen unter irgendeinem dienstlichen Vorwand Gespräche führen und Informationen erhalten.

Der unermüdliche, wenn auch vollkommen erfolglose Einsatz des neuen Kommandoführers brachte auch mir ein Arbeitspensum, das meine Kräfte fast überstieg, tatsächlich aber an den unter Forster entstandenen, katastrophalen Lagerverhältnissen nichts änderte.

Das Verhältnis von Schwarz zu mir war freundlich und korrekt, allerdings etwas distanziert, während sich Forster mir gegenüber spürbar feindselig und Fügner schließlich fast freundschaftlich verhalten hatten.

Am 6. Januar 1945 kam ein junger SS-Obersturmführer nach Hersbruck, dem als „Schutzhaftlagerführer" das eigentliche Lager unterstand, während der Kommandoführer über Wachkompanie und Lager Befehlsgewalt hatte. Er war in seinem Zivilleben kaufmännischer Angestellter und vor seinem Dienstantritt in Hersbruck als Adjutant am KZ Dachau und davor am KZ Oranienburg-Sachsenhausen gewesen. Ich werde ihn in meinem Bericht „Rudi" nennen, denn in der Zwischenzeit ist er für das, was er getan hat, rechtskräftig verurteilt worden. „Rudi" nannte ich ihn schon in Hersbruck, auch in meinen Notizen und Briefen.

Am Tag seines Dienstantrittes notierte ich mir: „Gottgläubig, Eheweihe, zackiger, junger Soldat, weltanschaulich ein Schwärmer. Wir sprachen ganz offen miteinander."[79]
Fast zwei Monate später, am 25. Februar, schrieb ich nach Hause: „So angenehm ‚der junge Chef' ist, so viel Rabatz und Unruhe schafft er. Frech ist er auch. Aber dann bekommt er mit gleicher Münze heimgezahlt, was er einsteckt."
Ein kleines Erlebnis dürfte in diesem Zusammenhang interessant sein. Ein dekorierter SS-Sturmbannführer, der trotz seiner Beinprothese an der Front im Osten war, fragte mich bei seinem ersten Besuch nach meinem Beruf. „Pfarrer, Sturmbannführer!" „Fahrer?" Ich in strammer Haltung: „Pfarrer, Sturmbannführer, was sollte ich sonst sein?" Als er sich mit mir anlegen wollte, winkte „Rudi" aus dem Hintergrund ab: „Laß den gehen! Du ziehst doch nur den Kürzeren!"
Unter dem Hitlergruß, der nach dem gescheiterten Attentat auf Hitler am 20. Juli 1944 von der gesamten Wehrmacht mit ausgestrecktem Arm erwiesen werden mußte, verstand „Rudi" eine Segnung im Namen des Führers; man sollte sie mit gebeugter, d. h. segnender Hand erteilen. Daß ich nicht bereit war, eine derart absurde Belehrung anzunehmen, versteht sich von selbst.
Ich habe aber schon davon berichtet, daß „Rudi" mich während der Vernehmung eines geflohenen und wiederergriffenen Häftlings kritisierte: „Sie benehmen sich wie ein Verteidiger und nicht wie ein Staatsanwalt!" Deshalb übernahm er die folgende Vernehmung selbst, obwohl ich sie bereits begonnen hatte. Er schickte mich und meinen Mitarbeiter Hiddemann hinaus und „erpreßte Aussagen von einem Häftling durch Mißhandlungen".[80]
Auf ähnliche Erfahrungen deutet eine Bemerkung des Häftlingsschreibers Korndörfer, wonach „... (Rudi) und Rapportführer Methling sich von Humm zu Mißhandlungen beeinflussen ließen" (Brief vom 14. November 1948).
Am 11. Februar schrieb ich nach Hause: „Hiddemann, der... (Rudi) nach Berlin begleitete und dort interessante Einblicke in diese SS-Führer-Kreise und ihre Familien tat, berichtete von einem Gespräch bei einer Einladung höherer SS-Offiziere, daß sie auch von N. (Niemöller) sprachen und dabei nur diesen Buchstaben (N) nannten. (Rudi) sagte: N. habe sich in D. (Dachau) gut gemacht. Ein anderer aber spottete, daß N. nun wohl nach seinem Buch ‚Vom U-Boot zur Kanzel' eins schreiben werde ‚Von der Kanzel zum KZ'. Später fragte Hiddemann ‚Rudi', wo N. jetzt sei. (Niemöller war in

Dachau.) Aber da wich er aus. Ich selber will mal lieber vorerst nicht fragen." Danach war auch in meinem Arbeitsraum verschlüsselt von Niemöller die Rede. Ich reagierte nicht! Ob man mich zu einer Aussage provozieren wollte?

In der Rasierstube der SS fragte mich unvermittelt ein polnischer Häftling, während er mir die Haare schnitt: „Kennen Sie Niemöller?" Ich: „Ja! Menschenskind, sei hier davon ruhig!" Hinter uns saßen Führer und Unterführer der SS. Ich schätzte diesen Polen sehr und war traurig, als er bei dem Häftlingsmarsch nach dem Süden während eines Tieffliegerangriffs tödlich getroffen wurde. Straßenbäume hatten die großen weißen Fahnen verdeckt, die zum Schutz der Häftlingskolonne gegen Fliegerangriffe vorausgetragen wurden.

In meinem Brief vom 11. Februar schrieb ich noch: „Hiddemann berichtet über seine Reise mit ‚Rudi' nach Berlin Erstaunliches und Interessantes aus diesen SS-Kreisen, die nicht mehr weiter wissen und sich am Ende sehen. Auch berichtete ‚Rudi': ‚In Berlin stellt man schon Hitler-Bilder auf den Söller und hält den Hitler-Gruß Frauen gegenüber nicht mehr für nötig.'"

Seit dieser Reise und dem nun wohl auch für ihn nicht länger zu übersehenden Zusammenbruch verlor „Rudi" seinen Glauben an den Führer, die „Wunderwaffe" und den „Endsieg". „Er holte seine Familie aus Berlin (KZ Sachsenhausen?)... mit einem Auto hierher,... bringt sie in seiner Wohnung unter, obwohl das verboten war,... zwingt (Obersturmführer) Schilling vom SS-Führungsstab unter Drohung zur Genehmigung... Er meldet seine Familie im Rathaus ohne Angabe seines SS-Dienstgrades und die nicht getauften Kinder als evangelisch an."[81] Schließlich brachte er seine Familie in einer dritten Wohnung, einem Gartenhaus, unter, das wir „Villa... (Rudi)" nannten.[82] Dort ließ er „trotz schärfsten Verbotes", Häftlinge für private Zwecke einzusetzen, „unzählige... Arbeiten von Häftlingen machen usw.", obwohl es zu seinem Dienst gehörte, Arbeitseinsatz von Häftlingen für private Zwecke zu verhindern.[83]

Um die Ernährung seiner Familie sicherzustellen, die vielleicht wegen des am Anfang nicht genehmigten Zuzugs keine Lebensmittelkarten erhielt, setzte er sich rigoros über alle Anordnungen und Verbote hinweg. „Rudi schachert sich alles aus dem Magazin der Häftlinge zu... Verfährt privat das knappe Benzin. Fälscht das Fahrtenbuch. Holt Spielsachen für seine Kinder im Dienst-Auto. Holt sich Schnapsflaschen aus dem Kompaniebestand und unter-

schlägt eine Flasche bei der Leichenverbrennung, raubt, wo er kann, und empfindet gar nicht, daß er etwas Unrechtes tut... Was soll aus diesem Mann werden?"[84]
"Kurz, ein haltloser Mensch mit ‚optimistischer Weltanschauung'. Aber die Schnauze hängt ihm bei schlechten Front-Nachrichten am Boden. ‚Wehrmachtsberichte interessieren mich nicht!' Kümmert sich tagelang kaum um das Lager, treibt sich aber den ganzen Tag störend herum."[85]
Als ungarische Truppen – man sprach von 1–2 Divisionen – im Schutz der Dunkelheit an unserer Kaserne in Richtung Westfront vorbeizogen, sprach er begeistert von der nahen Wende. Ich machte ihn darauf aufmerksam, daß diese Ungarn unbewaffnet waren, aber er hielt es für selbstverständlich, daß sie sich die Waffen beim Feind holen würden. Am 15. und 20. Februar notierte ich: „Rudi führte mit Hiddemann einen Sonderauftrag in Nürnberg aus", das durch zwei Luftangriffe furchtbar zerstört war. Die Bevölkerung hatte kein Wasser und keinen Strom; sie hungerte. 800 Häftlinge waren im Sondereinsatz auf dem Rangierbahnhof, der durch „800 Sprengtrichter" vollkommen betriebsunfähig war. Weil auch die Fabriken zerstört waren, wurde das Frauenlager mit 600, meist ungarischen Jüdinnen, durch „Rudi" verlagert. Die Frauen liefen barfuß, und das im Winter, sie hatten nur 30 Betten und keine Verpflegung. Wachmannschaft und Aufseherinnen schliefen in einem Raum.[85a]
Am 27. Februar schrieb ich: „Bilder des Elends. Aber von den Direktoren sind sie als fleißige Arbeiter gesucht, im Gegensatz zu den deutschen Arbeitskräften, die durch ihre zerbombten Häuser und zerstreuten Familien nicht zur Arbeit erscheinen, ganz apathisch sind und weglaufen."
Nach dem Abmarsch der Häftlinge aus dem Lager verschwand „Rudi" aus meinem Blickfeld. Wie ich später hörte, blieb er mit der letzten Kolonne in Schmidmühlen. Dort lieferte ihn der Häftling Karg zusammen mit dem SS-Schulungsleiter Cordier u. a. am 23. April 1945 einer amerikanischen Truppeneinheit aus. Erst nach seiner Gerichtsverhandlung in Nürnberg-Fürth sah ich ihn wieder. Er machte mir Vorwürfe, weil ihn meine „Hersbrucker Notizen" belastet hätten. Irgendwie tat er mir leid, auch wenn ich ihm sagen mußte, daß man hier die Wahrheit über das grauenhafte Lager Hersbruck herausfinden wollte, und er nun als Mitverantwortlicher doch eine verhältnismäßig geringe Strafe tragen müßte. Die „Hersbrucker Notizen" hatte das Gericht bei mir angefordert.
Der evangelische Anstaltsgeistliche an der Gefangenenanstalt

Landsberg/Lech, wo „Rudi" mit anderen Verurteilten des Lagers Hersbruck seine Strafe verbüßte, und wo er – wenn ich mich recht erinnere – evangelischer Kirchendiener war, schrieb: „‚Rudi' wäre bereit, als Zeuge für Lenz einzutreten, falls Humm diesen weiter verleumden sollte. Ich habe keine Veranlassung, in die Wahrhaftigkeit seiner Aussage Zweifel zu setzen."
Ich füge an dieser Stelle einen Bericht über meine Mitarbeiter ein, und zwar den Bauunternehmer und SS-Rottenführer Schäfer sowie den kaufmännischen Angestellten und SS-Rottenführer Hiddemann, nachdem von ihnen schon so oft die Rede war.

„Kamerad Schäfer brach vor einigen Tagen an einem Kollaps zusammen. Mehrmals schlug er bewußtlos hin und redete irr. Die Ärzte stellten keine Ursache fest. Ob er sich zuviel aufgeregt hatte? Seit einigen Tagen liegt er im Revier... und sieht recht verfallen aus." Man brachte ihn in ein Lazarett nach Nürnberg. Nachdem es zerstört war und eine Behandlung nicht länger möglich, kehrte er zurück und fuhr „für 16 Tage in einen Genesungsurlaub nach Hause" (aus Briefen vom 15., 27. Februar und 1. März 1945). Wir verabredeten, daß er nicht zurückkehren, sondern sich zu Hause von der immer näherrückenden Front überrollen lassen sollte. Er verbarg sich bei Verwandten im Keller eines abgelegenen Dorfes. Eine Kriegsgefangenschaft blieb ihm erspart. Schwarz hatte sich wiederholt besorgt darüber geäußert, daß Schäfer zu Hause in Kriegsgefangenschaft geraten könnte.
„Mir hilft der Christenmensch Hiddemann, ein prächtiger und begabter Mensch." Hiddemann gehörte nicht zu den „Spitzköpfen", aber wie wir alle lehnte auch er das Hitlerregime ab. Zunächst war er mit Lagerführer „Rudi" nach Berlin und Nürnberg gefahren. Ein Ersatz, über den ich mich sehr freute, denn „ich war recht herunter. Das Herz machte mies."[86]
Nach dem Abmarsch aus dem Lager trennten wir uns. Er setzte sich wohl unterwegs von seiner Kolonne ab.
Beide – Schäfer wie Hiddemann – konnte ich für meine Aussage in Dachau und Nürnberg nicht als Gedächtnisstützen heranziehen. Schäfer erinnerte sich an fast gar nichts mehr, und Hiddemann bat 1949 in einem Brief, ihn „um jeden Preis aus dieser Affäre herauszulassen. Ich hätte gedacht, das Thema Hersbruck wäre nun für Dich vergessen."

Alles, was ich noch anhand meiner „Hersbrucker Notizen" zu berichten habe, steht unter dem Zeichen des Zusammenbruchs.

So meldete sich ein Student, ein „sadistischer Quäler der Häftlinge, den ich oft verwarnte", zur Front[87], um zum „Endsieg" beizutragen, und ein krimineller deutscher Häftling, der zehn Jahre in Konzentrationslagern verbracht hatte, wurde aus dem Lager entlassen, weil er sich zum Kriegsdienst gemeldet hatte. Man lobte seinen Einsatzwillen. Doch ich war sicher, daß er auf diese Weise nur aus dem Lager kommen wollte, um an der Front bei der ersten Gelegenheit überlaufen zu können.

Besondere Not bereitete uns der Mangel an Heizmaterial. Schon am 5. Dezember notierte ich: „Keine Kohlen, ganze Kaserne kalt!"[88] Das war sehr unangenehm für uns. Und doch – was bedeutete das schon gegenüber den Leiden der Häftlinge, die mit nasser Kleidung, erschöpft und frierend von der Arbeit in ihre kalte Baracke zurückkehrten.

Forster griff zur Selbsthilfe und ließ eigenmächtig auf dem Bahnhof „Hersbruck-links" von einem Kohlentransport einen Waggon abhängen. Er hatte sich damit am Staatseigentum vergriffen, aber uns war geholfen.

Etwa zur gleichen Zeit wurden zwei SS-Oberscharführer in Nürnberg wegen Unterschlagung von Feldpostpäckchen zum Tode verurteilt und aufgehängt.

Vom 25. Januar stammt die Notiz: „Wiederholt ist die Kaserne ungeheizt. Auch mußte im Lager hin und wieder das warme Essen ausfallen." Selbsthilfeaktionen waren von Schwarz nicht zu erwarten. „Aber immer wieder kamen kleinere Quanten Kohlen heran."[89]

Und am 27. Februar schrieb ich: „Wir sitzen immer noch in ungeheizten Räumen, was sehr ungemütlich ist und keineswegs den Arbeitseifer fördert. Aber was liegt daran!" An Heizmaterial fehlte es überall, auch die Kirche war ungeheizt.

Der ehemalige Lagerälteste Humm schrieb mir am 17. März 1952, als es darum ging, seinen Antrag auf eine zweite „Revision" zu unterstützen: „Hochverehrter Herr Pfarrer, ... Bis jetzt wurde von allem geredet, nur noch nicht von dem, was ich wirklich für die Häftlinge getan habe. Habe ich nicht wochenlang Tag und Nacht, als das Fleckfieber im Lager wütete, die Häftlinge entlaust? Wer sorgte denn monatelang für Holz, daß wir wenigstens Essen kochen konnten? Kein anderer als ich! Ich möchte diese Frage, Herr Pfarrer, sehr gerne mitbeantwortet haben, ob die Zustände sich im Lager gebessert oder verschlechtert hatten, solange ich dort Lagerältester war."

Auch diese zweite Bitte konnte ich um seinetwillen nicht erfüllen, aber seine hier genannten Einsätze für die Häftlinge entsprachen mit Ausnahme des letzten Satzes der Wahrheit.
Der herbstliche Regen hatte weite Teile des Lagers, das weder Kanalisation noch Gefälle zur nahen Pegnitz hatte, in einen Sumpf verwandelt. Es herrschten unglaubliche Zustände! Kein Häftling kam mit trockenen Füßen zum Arbeitsplatz und zurück in die überhaupt nicht oder nur ungenügend geheizte Baracke. Verzweifelte Häftlinge warfen vor dem Abmarsch zur Arbeit ihre durchnäßten Holzpantinen weg, weil sie hofften, in die Baracken zurückgeschickt zu werden. Doch es half ihnen nichts. Sie mußten trotz Nässe und Kälte barfuß zur Arbeit.[90]
Um etwas gegen diese katastrophalen Zustände zu tun, wurde der Lagerappellplatz befestigt und ein langer Holzsteg zwischen die Holzbaracken der Häftlinge gebaut. Das alles veranlaßte noch Forster. Er selbst holte mit dem Dienstwagen mindestens einen Zentner Nägel – eine absolute Mangelware – in einer entfernten Nagelschmiede ab. Ob auch hier SS-Selbsthilfe vorlag? Aber diese Verbesserung der äußeren Lagerverhältnisse blieb ohne Einfluß auf die Lage der Häftlinge. Um nur ein Beispiel zu nennen: „Von den 1000 Ungarn und Balkanbewohnern waren in 23 Tagen 23 Prozent, in 37 Tagen 35 Prozent tot, krank oder wegen Krankheit nach Flossenbürg überstellt!!"[91] Außerdem erinnere ich mich genau daran, daß von 1000 Franzosen in wenigen Monaten etwa 700 und von 1000 Italienern etwa 800 starben. Dazu trugen auch die sehr primitiven sanitären Verhältnisse bei. Unter der Latrinenbaracke, die zwischen der alten Lagerschreibstube und der „Turnhalle" stand, sammelte sich die Jauche in einer großen Grube. Zwei „Scheißbrühfahrer" transportierten sie in einer Tonne aus dem Lager.
In der „Turnhalle" waren tausend russische Häftlinge in zwei oder drei Etagen untergebracht. Ich habe einmal gesehen, daß der Graben unter der Regentraufe, der zuvor trocken gewesen war, mit Nachturin halb gefüllt war. Man hat mir außerdem erzählt, daß Häftlinge, die Dysenterie hatten, nachts ihre Notdurft aus Verzweiflung von den oberen Etagen in das Treppenhaus verrichteten. Sie wurden zwar hart bestraft, aber im sanitären Bereich gab es keine Verbesserungen.
Am 8. Januar kam Dr. Ivan Goguel von Sponeck zu mir, ein französischer Professor der Zahnheilkunde an der Universität Straßburg. Er arbeitete als Häftling Nr. 9769 in der SS-Zahnstation des Lagers. Man hatte ihn am Operationstisch verhaftet und, obwohl sich da-

mals seine Unschuld herausstellte, zum Arbeitseinsatz nach Deutschland deportiert. „Ich kam von Drecklager zu Drecklager bis in das schlimmste aller Drecklager in Hersbruck." Nirgends sei er als Zahnarzt, wie man ihm versprochen hatte, sondern überall als Erdarbeiter eingesetzt worden. Nun aber versah er in der SS-Zahnstation seinen Dienst. Damit durfte er sich nach menschlichem Ermessen gerettet wissen.
Dr. Goguel übergab mir einen Brief in deutscher Sprache an die Frau des Reichsministers des Äußeren, von Ribbentrop. Er kannte sie zwar nicht, bat mich aber, diesen Brief in einen öffentlichen Briefkasten zu stecken; hoffte er doch, auf diese Weise die Briefzensur zu umgehen. Der Brief hatte folgenden Inhalt:
„Hersbruck, den 9. Januar 1945.
Gnädige Frau! Ich bin Franzose und wurde vor einem Jahr verhaftet und nach Deutschland transportiert, um dort zu arbeiten.
Statt dessen wurde ich in diversen Konzentrationslagern interniert. Die meisten meiner Heimatleute, welche Frankreich zur selben Zeit wie ich verließen, sind schon tot. Ich möchte aber trotzdem meine Frau und meine zwei kleinen Mädeln wiedersehen, die mich in der Heimat erwarten.
Ihre große Güte nennend, lege ich Ihnen meinen Fall vor und bitte Sie, in meiner Interesse zu intervenieren.
Ich bin Zahnarzt, war 10 Jahre Professor auf der Universität. Wäre es nicht möglich, daß ich das Konzentrationslager verlassen könnte und mein Fach als freier Arbeiter ausübe bei einem praktizierenden deutschen Arzt, der entweder Hilfe oder Vertretensein benötigt?
Nur Sie, gnädige Frau, können eine ähnliche Gunst erzielen, und aus diesem Grunde erlaube ich mir, Ihnen zu schreiben. Ich danke Ihnen im vorhinein im Namen meiner kleinen Familie, sowie im eigenen Namen und verbleibe, gnädige Frau, als Ihr stets ergebener Doktor Goguel von Sponeck Nr. 9769, Arbeitskommando Hersbruck (13a) Postschließfach 31."
Ich ließ den Brief nicht durch und versuchte, Dr. Goguel so freundlich wie möglich meine Gründe zu erklären. So sagte ich ihm damals: „Der Brief wird ankommen, und Frau von Ribbentrop wird ihn an das Reichssicherheitshauptamt als die zuständige Stelle, vielleicht befürwortend, weitergeben. Rückfragen werden folgen und Sie nicht nur um Ihren Arbeitsplatz mit Überlebenschance, sondern auch in Folterung und schwerste Bestrafung bringen."[92]
Für mich hatte es in den ersten Tagen meines Dienstes in Hersbruck

schon einmal eine ähnliche Situation gegeben. Damals hatte ich die Anfrage eines oberschlesischen Rüstungsbetriebes nach dem verhafteten „Ingenieur Sobanski" Fügner vorenthalten und eigenmächtig mit meiner Unterschrift „Lenz, Feldwebel" bejaht. Am 2. Dezember legte mir Forster einen Antrag dieses Betriebes vor. Hierin bezog man sich auf die Auskunft eines Feldwebels Lenz und bat darum, den Ingenieur Sobanski zu entlassen.[93] Auf die ruhige Frage Forsters: „Haben Sie das mitgeteilt?" antwortete ich – obwohl ich zutiefst erschrocken war – bemüht ruhig: „Ich wollte diese Arbeit Hauptsturmführer Fügner abnehmen." Forster: „Das ist streng verboten! Alle Anfragen sind, und zwar nur durch mich, an das Reichssicherheitshauptamt zur Bearbeitung weiterzugeben." Mit meiner Bemerkung: „Das wußte ich nicht!" war diese gefährliche Sache erledigt.

Auch Goguel hätte ich mit der Weitergabe seines Briefes nicht geholfen, sondern schwer geschadet. Ich selber hätte diesmal nicht damit rechnen können, ohne Bestrafung davonzukommen. Goguel gab mir recht und überstand das Todeslager Hersbruck. Nach dem Krieg schrieb er mir, als ich ihn um ein Entlastungszeugnis für den zum Tode verurteilten Schwarz gebeten hatte:

„Ich war sehr froh, als ich Ihren Brief erhielt, zu erfahren, daß es Ihnen gesundheitlich gut geht und Sie zu Ihrer Familie zurückgekehrt sind. Auch ich hatte viel Glück und die Freude, heimzukehren und die Meinen bei guter Gesundheit wiederzufinden. Ich erinnere mich sehr gut an Sie, an Hersbruck. Sie sind der einzige, der Worte des Mitleids und der Menschlichkeit für mich hatte... Empfangen Sie, sehr geehrter Herr Pfarrer, die Zusicherung meiner besten Gefühle! Ivan Goguel."

Goguels SS-Vorgesetzter in der Zahnstation war ein Zahnarzt und Oberscharführer, der durch seine geckenhaft vorgebrachten Meldungen Forsters Spott hervorrief. Nach dem Zusammenbruch wurde er zu einer mehrjährigen Freiheitsstrafe verurteilt, weil er im KZ Flossenbürg an der Erschießung von Häftlingen beteiligt gewesen war. So etwas hätte ihm niemand zugetraut.

Ich möchte hier noch aus dem Abschiedsbrief eines sterbenden Häftlings an seine Frau zitieren. Dieser Brief enthält außer den beiden Vornamen keine Angaben über den Absender, den Empfänger und das Datum. Das Original des Briefes fiel in der Lagerschreibstube der Zensur zum Opfer. Seine Maschinenabschrift ist mir von irgend jemandem zugespielt worden. In dem Brief heißt es: „Liebes Ninachen! Ich grüße Dich schön und bitte Dich, teile der

Mutter und Rudl zu, ich habe beide Pakete in Ordnung erhalten. Ich danke beiden.
Ja und weiter wirst staunen. Bin schon 6 Wochen im Krankenhaus (Krankenblock) und wie es schmerzlich ist und weh tut: in diesem Brief verabschiede ich mich mit Dir und auch allen anderen. Ich mache schon keine 10 Schritte alleine. Ich bin körperlich schon so schwach, daß ich höchstens mit 10–14 Tagen rechne. Aus mit meinen Träumen aus meinem noch jungen Leben. Ich möchte weinen und schäme mich, Ninachen, wie gerne hätte ich Dich noch gesehen. An allem hat nur die Schlechtigkeit der Menschen schuld. Die müssen mal bitter von Gott bestraft werden. Lebe wohl, Ninachen! Das Schicksal will es so haben. Dein Pepi."
Die Lagerordnung gestattete es – wenn auch zeitlich begrenzt –, Briefe und Lebensmittelpakete in Empfang zu nehmen. Alle Ein- und Ausgänge aber wurden zensiert bzw. kontrolliert. Nüsse, die besonders in Paketen aus Jugoslawien enthalten waren, beschlagnahmte man für die Ölgewinnung.
Nach meinem Bericht vor dem Landgericht Nürnberg-Fürth II über das Lager und das Massensterben der Häftlinge in Hersbruck sagte ein medizinischer Sachverständiger aus, daß die Lebensmittelrationen der Häftlinge durchaus den Kriegsrationen der Zivilbevölkerung entsprochen hätten. Immerhin erhielten die im Stollenbau eingesetzten Häftlinge sogar die Zulage der Bergleute. Trotzdem starben die meisten Häftlinge an Entkräftung. Der menschliche Körper, ganz besonders der von jungen Menschen, verweigert offenbar bei anhaltend schwerer physischer und psychischer Belastung die Verarbeitung der zugeführten Nahrungsmittel. Deshalb starb auch „Pepi" trotz der beiden Pakete. Und deshalb starben in zehn Monaten 3513 Häftlinge des Lagers Hersbruck an Dysenterie, Kreislaufschwäche, Ödemen, Phlegmonen und anderen Mangelkrankheiten, d. h. sie sind verhungert. Wie grotesk verzerrt erscheint einem angesichts dieser Zahlen die Vorstellung des Lagerführers „Rudi", man könne mit den Kernen der Sonnenblumen, die am Lagerzaun entlang angebaut werden sollen, den Hungertod Tausender verhindern!
Außerdem wollte man im Lager ein „Frauenhaus" eröffnen, um den Lebenswillen und die Arbeitsmoral der Häftlinge zu heben. Ich weiß nicht, ob aus diesem Vorhaben etwas wurde. Dagegen fielen häufiger junge Frauen aus der Stadt auf, die von dem nahen „Badweg" aus Häftlinge beobachteten, die nackt zum Duschen oder Desinfizieren geführt wurden.

Wieviel einfacher wären Lebenswille und Arbeitsleistung zu steigern gewesen, wenn man die menschenverachtende und vernichtende „SS-Herrenmoral" durch eine menschliche Behandlung der zu Unrecht Gefangenen ersetzt hätte!
Schon in den ersten Tagen meines Dienstes in Hersbruck geriet ich an einen „prominenten" Häftling. Ihn pflegten die Häftlingsköche mit einer fingerdicken Fettschicht auf seiner Mittagsration zu bestechen. Als ich ihm vorhielt: „Das geht doch bestimmt zu Lasten Ihrer Kameraden!", antwortete er mir: „Ich nehme, was mir zugeteilt wird. Ich will überleben!"
Auch bei der Truppe gab es den Verdacht von Bestechungsversuchen. Ich selbst war einmal davon betroffen. Weil ich wegen der immer größer werdenden Arbeitsbelastung auf die Mittagspause verzichten mußte, wurde mir das Mittagessen auf Befehl des Kommandoführers in meinen Dienstraum gebracht. Doch schon am ersten Tag ließ ich es zurückschicken, denn der SS-Küchenchef hatte meine Fleischration verdoppelt.

Nach Möglichkeit versuchte ich, den wöchentlichen Frontbericht des Schweizer Senders Beromünster am Freitag abend im Hause Eckstein abzuhören. In dieser Sendung gab ein militärischer Sachverständiger nicht nur die augenblickliche Frontlage bekannt, sondern er berichtete auch über alle größeren Kampfhandlungen der vergangenen Woche sowie über die zu erwartende Entwicklung an der Front. Hier erfuhr man alles über die militärische Lage einen Tag früher als durch den deutschen Wehrmachtsbericht. In Briefen und Notizen berichtete ich über diese Nachrichten ausländischer Sendungen, was natürlich nur verschlüsselt möglich war. Derartige Vergehen wurden nämlich ausnahmslos mit dem Tode bestraft.
So schrieb ich am 29. Dezember 1944 verschlüsselt nach Hause: „Eben komme ich gerade von Eckstein. Ich sah nach Fräulein Doktor Thurnau." Oder am 3. Februar: „Gestern abend waren wir (ich mit Spitzköpfen) bei Ecksteins-Morgenlicht."
An anderen Tagen hörten Frau Eckstein oder ich, so oft wie möglich, einen englischen Sender in deutscher Sprache über die augenblickliche Lage.
Am Aktenschrank des Dienstraumes hatte ich mit dem Einverständnis des Kommandoführers Schwarz Landkarten aufgehängt, auf denen ich die West-, Ost- und Südfront mit Nadeln absteckte; selbstverständlich nach den deutschen Wehrmachtsberichten. Diese

Berichte hörte ich im Wohnzimmer von Schwarz an seinem Radio. Die Frontlage konnte jeder auf den Karten erkennen. Manchmal „erläuterte" ich auch den Wehrmachtsbericht, und diese Erläuterungen stützten sich bei Dr. Ehrlich andeutungsweise, bei zuverlässigen Spitzköpfen und Häftlingen deutlich auf den Beromünster-Bericht. Nur „Rudi" verzichtete auf meinen Hinweis: „Frontberichte interessieren mich nicht!"
Die Frontkarte hatte ich weder für die Offiziere noch für meine Freunde aufgehängt. Es ging mir vielmehr darum, den Häftlingen Mut zum Durchhalten zu geben und sie vor einem spontanen und unüberlegten Aufstand zu bewahren, der sie alle ins Verderben gestürzt hätte.
Wenn Kawalecki, Köves, Korndörfer u. a. in den Kommandoführer-Raum gerufen wurden, konnten sie die Frontlage an den bunten Nadeln ablesen, ohne daß es Schwarz, der mit dem Rücken zum Aktenschrank an seinem Schreibtisch saß, merken konnte. Sobald ich mit Häftlingen allein im Raume war, gab ich ihnen anhand der Karten, des Wehrmachtsberichts und der Beromünstersendung einen Lagebericht, in dem ich auch Differenzen zwischen den beiden Berichten erläuterte.
Der polnische Ingenieur Kawalecki bezeugte nach dem Krieg: „Ich erkläre an Eides statt, ...Pfarrer Lenz hörte täglich den englischen Sender ab, um sofort uns im geheimen die wirkliche Lage an den Fronten zu berichten. Er sprach uns damit Mut zu, die schwere Zeit durchzuhalten und einer besseren Zukunft entgegenzugehen."
Sein Freund, der Pole Zielinski, erklärte ebenfalls „an Eides statt, ...Pfarrer Lenz hat den Häftlingen sämtlicher Nationen ohne Unterschied der Rasse und des Glaubens in jeder Beziehung geholfen und ihnen Mut gemacht, bis zum Ende des Krieges durchzuhalten."
Der Deutsche Oskar Schröder berichtete in einer „Eidesstattlichen Erklärung": „Besonders erwähne ich, daß ich, wie zahlreiche Häftlinge, laufend von dem ehemaligen Häftling Kawalecki Informationen über die militärische und politische Lage erhielt, die derselbe täglich von Oberscharführer Lenz empfing. Diese Informationen beruhten auf den täglichen Wehrmachtsberichten und den Feindsendungen, die Oberscharführer Lenz täglich in einem Privathaus in Hersbruck und auch bei Abwesenheit des Kommandoführers in dessen Schlafzimmer abhörte. Ich bezeuge, daß wir alle durch diese Informationen enorm im Aushalten und Widerstand gestärkt wurden. Denn täglich habe ich die über Kawalecki erhaltenen Nach-

richten abends in meinem Block öffentlich vor den Häftlingen vorgetragen und besprochen."

Der Tscheche Doz. Dr. Paulu schrieb mir am 14. Mai 1947 u. a.: „Ich denke oft an Sie, und es schwebt vor mir in steter Erinnerung, daß Sie auch im Dienst ein würdiger Priester geblieben sind, und daß wir uns in den schwersten Augenblicken auf Ihre Hilfe verlassen konnten."

Am 16. April 1947 schrieb mir ein ehemaliger ungarischer Häftling, der Prokurist Stefan Köves: „Ich kann Ihnen nicht beschreiben die Freude, die ich hatte, daß Sie frei und wohlauf sind. Wenn jemand die Freiheit im Idealen sich erkämpft hat, so waren Sie es, denn in Ihrer Lage und unter den bekannten Verhältnissen das zu machen, was Sie gemacht haben, konnte nur eine Persönlichkeit, wie es Pfarrer Lenz ist, bewerkstelligen.

Ich hoffe, Sie im Leben noch wiederzusehen und Ihnen dann persönlich meinen innigsten Dank für Ihren Beistand und Freundschaft aussprechen zu können. Bis dahin bitte ich Sie aber, empfangen Sie für all das, was Sie für mich und für die anderen im Lager Hersbruck machten, meinen besten Dank. Leider sind die Worte zu schwach und die Gefühle zu stark, ich müßte Seiten um Seiten schreiben, um all das Ihnen mitzuteilen, was Sie für mich und für die anderen waren. Pfarrer Lenz, Sie waren ein Mensch, ein Mensch, wie man im Leben nur selten einen findet, und den man nie vergißt... Lieber Herr Pfarrer Lenz, behalten Sie mich in Ihrer Liebe, und ich verabschiede mich heute von Ihnen mit einem herzlichen und warmen Händedruck."

Einmal kamen mein Mitarbeiter Schäfer und ich beim Abhören des Feindsenders im Wohnzimmer von Schwarz in unmittelbare Gefahr. Wir hatten Radio Beromünster eingestellt, weil wir meinten, daß Schwarz nicht da war. Plötzlich ging die Tür auf. Weil das nur Schwarz sein konnte, pfiff ich Schäfer an: „Mensch, Spitzkopp, merkst du denn nicht, daß du einen Feindsender eingeschaltet hast!" Schäfer korrigierte nach simuliertem Erschrecken die Einstellung, und Schwarz schöpfte keinen Verdacht.

Immer ungeduldiger wartete ich auf das Ende des verlorenen Krieges, an dessen Sieg ich nicht einen Tag geglaubt hatte, und auf den Sturz dieser tyrannischen „Obrigkeit", die zu feige war, sich der Verantwortung zu stellen und das Volk zu schonen.

Am 23. Januar 1945 schrieb ich nach Hause: „Die Verhältnisse haben sich bis zum äußersten zugespitzt. Es ist geradezu unerträglich, daß man immer noch nicht die Konsequenzen zieht. So brauchen wir

uns über nichts mehr zu wundern. Auch im Westen wird sich die Lage immer mehr zuspitzen. Fast alle Rheinbrücken sind dahin... Gott gebe... bald Frieden für die geschundene Menschheit und ein Ende aller Gewalt!"
Und am 3. Februar: „Wir stehen wohl kurz vor dem entscheidenden Schlag aus dem Westen... Wie lange wird dieser Irrsinn noch dauern? Warum hat unsere Obrigkeit kein Einsehen und Erbarmen für das arme Volk, das an der Front stirbt, in der Heimat durch Bomben vernichtet, durch fliehende Massen völlig desorganisiert wird, aus Kohlenmangel friert und auch bald hungern wird?!!"
Am 15. Februar: „Wenn der Krieg spätestens im Frühsommer, vielleicht auch eher, zu Ende sein sollte, wird es mit der Heimkehr so einfach nicht werden. Kommen die Russen hierher, wird es mit der Heimreise vorerst nichts werden. Bei den anderen (Amerikanern) wird es eher... sein. Der Herr mag uns seine Hilfe schenken. Sonst wird es nichts!"
Die überall verbreitete Furcht vor einer „Befreiung durch die Russen" und die Hoffnung auf eine wirkliche Befreiung durch die Amerikaner deutet sich in diesen Zeilen an. Täglich stand ich mit vielen anderen vor den Frontkarten, die geradezu ein Wettrennen der beiden Fronten erkennen ließen. Hersbruck nun lag ziemlich genau zwischen beiden Fronten.
Am 3. Februar hatte ich „ein längeres Gespräch mit Schwarz".[94] Damals war ich der Meinung, dieses Gespräch niemals vergessen zu können, und deshalb habe ich nichts notiert. Aber ich habe es doch vergessen. Ohne Zweifel sprachen wir damals über die hoffnungslose Lage und die sich daraus ergebenden Konsequenzen für das Lager.
Eine Notiz vom 26. Februar trifft sicher auch für dieses Gespräch zu: „Schwarz ist... politisiert."[95] Damit wollte ich sagen, daß Schwarz – trotz allem, was um uns geschah – auf den „Führer" vertraute, an die Wunderwaffe und den Endsieg glaubte. Das habe ich immer wieder feststellen können.
Am 8. Februar „rutschte der Berg". Die gewaltigen Mengen des Stollenaushubs waren seit Monaten auf den steilen Berghang gekippt worden und hatten jetzt die darunterliegenden Tonschichten „bis zu 30 m" in Bewegung gesetzt. „Eine Brücke mußte gesprengt werden. Die Seilbahn fiel um. Lastwagen kippten herunter. Bäume und Häuser rutschten weiter."[96]
Aber niemand dachte daran aufzugeben. Alle Verantwortlichen hofften auf die große Wende. Man setzte einfach das Bauvolumen,

das mit 80 000 qm unterirdischer Fabrikationshallen und Stollen größer als die ganze Gemeinde Happurg war, um 95 Prozent auf 4000 qm herunter. Die Produktion hatte überhaupt noch nicht begonnen, obwohl schon 18 km Stollen fertig waren. 54 Kilometer hatte man insgesamt geplant.
Wozu auch sollte das Bauvorhaben mit derselben Intensität vorangetrieben werden? Am 8. März notierte ich mir eine Bemerkung eines Offiziers: „Kein Benzin! Auf den Flugplätzen stehen die Ritterkreuzträger... neben ihren Flugzeugen, die in den Boxen bleiben, auch wenn die feindlichen Flieger kommen. Es gibt kein Rohöl mehr. Es gibt nichts mehr. Überall ist großer Mangel an allem."[97] Trotzdem sollten – so schnell wie möglich – in der Houbirg Flugzeugmotoren gebaut werden.

Drei Tage nach der Katastrophe auf der Baustelle geriet das Lager in den Strudel der Evakuierungsmaßnahmen der östlichen Konzentrationslager, die vor den anrückenden Russen geräumt wurden. Erfahren hatten wir davon schon Ende November, aber niemand erkannte damals das ganze Ausmaß dieses ebenso gewaltigen wie ungeheuerlichen Unternehmens. Ich schrieb am 3. Dezember nach Hause: „Heute war es wieder recht bedrückend. Viele Anfragen nach Vätern, Männern (‚Mensch'), Söhnen, Töchtern, ja Kindern usw., die schuldlos (im KZ) gefangen sind", gingen „aus Frauenlagern in polnisch-deutscher Sprache" ein. Außerdem suchten „zahlreiche Firmen" nach Häftlingen, die sie „durch die Warschauer Evakuierung" verloren hatten, für ihre Kriegsproduktion aber notwendig brauchten. Forster warf alle Anfragen „ohne Beantwortung in den Papierkorb!!!"
Am 4. Dezember trafen „1000 Häftlinge, in der Mehrzahl ungarische Juden und Balkanbewohner (Arbeiter, Handwerker, Akademiker)"[98], am 6. Januar „800 Häftlinge, die gut aussahen, darunter 550 ungarische Juden"[99], ein. Meine Notizen geben nicht an, ob diese Häftlinge vor den Russen, die nun auch in Ungarn vorrückten, evakuiert worden waren oder ob sie die ungeuer großen Ausfälle in Hersbruck ersetzen sollten.
In der Nacht vom 11. zum 12. Februar kamen 2154 Häftlinge aus dem evakuierten Lager Groß-Rosen in Schlesien im Lager Hersbruck an; sie überfluteten es geradezu.[100] Ich erfuhr erst beim Dienstantritt am anderen Tag von diesem Transport. Am 15. Februar berichtete ich darüber nach Hause: „Vor ein paar Tagen kamen über 2000 Neue. Sie kamen aus Schlesien und hatten einen

fürchterlichen Transport von vier Tagen in offenen Güterwagen, ohne Dächer (im Februar!), hinter sich, auch die Wachmänner. Zeitweise zogen drei Lokomotiven den langen und schweren Zug. Es waren ursprünglich 5000 Mann, von denen die Hälfte woanders hinkam. Während des Transportes ließen sie Waggons mit Bergen von Toten auf den Bahnhöfen stehen. Dauernd haben wir jetzt Anrufe wegen toter Häftlinge, die auf Bahndämmen liegen oder in Waggons auf Bahnhöfen stehen. Auch waren Frauen darunter, die aber woanders hinkamen. 135 in einem offenen Güterwagen. Daß sie sich da erwürgten, erdolchten (?), übereinanderstanden und lagen, kann man sich kaum vorstellen... Viele junge Burschen sind darunter, 16jährige und jünger, die schon vier Jahre im KZ sind. Auch solche, die nur für kurze Zeit eingeliefert waren und nun durch die Verschickung (Evakuierung der KZ) darin bleiben."
Ergänzend möchte ich aus den Notizen hinzufügen: „Die 14–15jährigen Buben sind im wesentlichen Juden, die mit ihren ganzen Familien schon vier Jahre in (verschiedenen) Lagern sind und nichts mehr von den Ihrigen wissen. Nette Jungen sind darunter."[101]
Der Brief berichtet weiter: „Viele Deutsche sind diesmal dabei, stramme und alte KL (KZ)-Hasen. Der Transport kam... mit 38 Toten an... Da die Häftlinge (den Toten) sofort die Kleider abgenommen hatten (um sich gegen die Kälte zu schützen), waren diese völlig unbekleidet. Sie wurden wie Holzscheite nachgezogen. Auch hatte man ihre Namen nicht mehr, so daß sie anonym bleiben."
Auf diesen Gefangenentransport aus Groß-Rosen geht auch der ehemalige Häftling Heinrich Karg ein, der als Hundertschaftsführer an diesem Transport teilgenommen hat. Sein „Tatsachenbericht" ist mir erst in den letzten Jahren bekanntgeworden.[102] Hier schreibt er:
„In Groß-Rosen wurden unserem Transport zurückgelassene kranke Frauen angeschlossen. Wir Häftlinge führten dieselben, da die meisten fußkrank waren, nach der Bahn, wo sie verladen wurden. Es waren meines Wissens 375 Frauen. Bei der Teilung des Transportes in Plauen wurden die Frauenwaggons unserem Zug angeschlossen, um mit uns nach Hersbruck überführt zu werden. Da das Lager Hersbruck nicht dazu eingerichtet war, Frauen aufzunehmen, bin ich der festen Überzeugung, daß der Transportführer bereits in Plauen den Geheimbefehl erhalten hat, die Frauen auf dem Wege nach Hersbruck zu liquidieren. Tatsächlich haben wir bereits unterwegs bei der Ausfahrt aus jedem größeren Bahnhof eine un-

sinnige Schießerei am Ende unseres Transportzuges bemerkt, konnten aber nicht feststellen, wem das gelten sollte. Erst bei der Ankunft in Hersbruck hörte ich mit Staunen, daß wir über 400 Tote mitgebracht haben. Da ich selbst Hundertschaftsführer war und in meiner Tausendschaft einen gewissen Überblick hatte, konnte ich auch feststellen, daß wir in derselben nur zwei Tote hatten. Im ganzen Männertransport befanden sich 7 Tote und 14 Erkrankte. Ich war daher nicht wenig erstaunt, als mir der Lagerälteste von Hersbruck (Humm) am anderen Morgen mitteilte, sie müßten zwei Nächte nur Leichen verbrennen, welche mit unserem Transport gekommen seien. Auf die Frage, wohin sind denn die Frauen gekommen, die mit uns waren, erklärte er mir: ‚Die liegen alle noch in den Waggons und werden heute nacht ausgeladen.' Die Frauen waren durchweg erschossen worden."

Karg berichtet außerdem: „Die Ankunft in Hersbruck war erschütternd... Wir hatten nach der ersten Nacht das Empfinden, daß wir dieses Lager nicht mehr lebend verlassen würden... Die Sterbeziffer bei den Neuangekommenen steigerte sich von Tag zu Tag, so daß wir eine Höchstziffer von 40 erreichten und (im Lager) nach Ablauf von 6 Wochen (11. Februar–25. März) von 2500 auf 968 herunterkamen."

Von seinem Transport, der nach seinen Angaben aus 2500 Häftlingen bestand, waren also nach sechs Wochen nur noch 968 Häftlinge „einsatzfähig".

Von dem Massenmord an den 375 Frauen habe ich nichts – nicht einmal nachträglich – etwas erfahren. Ich hätte es in meinen Notizen und Briefen bestimmt erwähnt. Arglos nahm ich in meinem Brief an: „Die Frauen kamen woanders hin." Welche Erklärung es dafür gibt? Es kann nur so sein, daß dieser scheußliche Mord an 375 Frauen ganz bewußt verschwiegen wurde. Vielleicht gab es doch noch einen Rest von Scham, der den Wissenden vor der Ungeheuerlichkeit dieses Verbrechens den Mund schloß. Registriert wurden diese Toten jedenfalls nicht. Das hätte ich erfahren müssen.

Am 11. Februar berichtete ich nach Hause: „Wir müssen jetzt etwa dreißig Mann an die Front abgeben. (Wenn es jetzt um das letzte Aufgebot gehen sollte), hätten es mehr sein können. Vor allem hätte man die vielen jungen Leute und die ‚Alten Kämpfer', die hier bei der SS sind, nehmen sollen. In der Schreibstube der Kompanie sitzen ein junger..., der 27 Jahre alt, der Spieß, der 1914 geboren (31 Jahre alt) und kriegsverwendungsfähig (kv) ist, und so noch viele.

Eben höre ich gerade, daß nur 20 abgestellt werden. Das nennt man dann Fronthilfe 1945!!
Unter ihnen ist auch Bergfeld, der Christenmensch aus Halle, der 1906 geboren (also 39 Jahre alt) ist. Sicherlich hat der Spieß Bergfeld genommen, weil er ihn mir neulich wegen seines Weiberkrams in der Kaserne gemeldet hatte. Die Lage wird immer bedrohlicher, aber die Menschen werden immer gleichgültiger."
Meine Notizen zeigen, daß die SS-Führung selbst in dieser absolut hoffnungslosen Situation noch versuchte, das Lager irgendwie im Griff zu behalten. So wurden alle Kapo-Stellen mit deutschen Häftlingen besetzt.[103] Man traute den Ausländern nicht und hoffte auf die Solidarität der „Volksgenossen". Zusätzlich bildete man „aus den 250 Reichsdeutschen eine Bereitschaft zur Sicherung des Lagers gegen besondere Vorkommnisse".
Am 10. März sah ich zum erstenmal von meinem Fenster aus, wie die Marschkolonne, Humm an der Spitze, „mit Gesang und ohne Wachmannschaft", aber auch ohne Waffen, „aus dem Lager ausrückte und exerzierte."[104] Ich glaube, dieses tragikomische Schauspiel wiederholte sich täglich. Die Häftlinge und auch mancher SS-Mann wußten nicht, worüber sie mehr lachen sollten; über die naiven Erwartungen der SS-Führung oder die geheuchelte Kampfbereitschaft dieser Häftlinge.
Inzwischen waren „1760 Häftlinge krank. Täglich kamen 100 dazu." – „Täglich starben 25–30"[105], so daß sich in der Zeit „vom 12. Februar bis 8. März die Zahl der Lagerinsassen um fast 1000 Tote verringerte". „Das Fleckfieber (wütete) wieder seit Wochen. 25 Prozent der daran Erkrankten starben. Das hielt man für ‚erträglich'."[106]
Hin und wieder „spielte eine Lagerkapelle auf", die sich aus Häftlingen zusammensetzte und die Stimmung im Lager heben sollte.[107]
Sogar für einen evtl. Häftlingsaufstand war man gerüstet. „33 Rohre (Maschinengewehre?) standen bereit zum Schuß", um jeden Widerstand im Keime zu ersticken.[108] Damals warnte ich befreundete Häftlinge vor leichtfertig angezettelten Aktionen, die ihnen den sicheren Tod, aber nicht die ersehnte Freiheit gebracht hätten.
Der ehemalige Häftling Korndörfer berichtete in einer „Eidesstattlichen Erklärung" vom 27. Januar 1946: „Für den Fall, daß im letzten Augenblick die Häftlinge erschossen werden sollten, hatte Lenz einigen Häftlingen erklärt, ihnen davon rechtzeitig unter Einsatz seines Lebens, wenn es hätte sein müssen, Nachricht zu geben." Ich

selbst kann mich nicht mehr erinnern, welchen Häftlingen ich dieses Versprechen gegeben habe.
Ich berichtete schon einmal, daß ich mit Kommandoführer Forster täglich viele Stunden in seinem Arbeitsraum zusammen war und deshalb Einblick in seine Kommandoführung bekam. Unter Schwarz änderte sich das. Er arbeitete in seinem „Wohnzimmer". Dort empfing er die fernmündlich durchgegebenen Anweisungen der Kommandantur Flossenbürg und die Rapporte aus dem Lager, dort verhandelte er und gab seine Befehle. Meine Informationsmöglichkeiten waren dadurch erheblich eingeschränkt. Ich war auf eigene Beobachtungen sowie auf Nachrichten von Häftlingen und Kameraden angewiesen. So erfuhr ich auch nichts von dem Eintreffen des Häftlingstransportes aus Groß-Rosen und dem Massenmord an 375 jüdischen Frauen.

Die SS-Führung bemühte sich jetzt nicht nur um das Wohlwollen der Häftlinge, sie wollte auch die Einsatzfreude der SS-Mannschaft heben. So mußte ich für Schwarz, wie ich am 3. Februar nach Hause berichtete, täglich die Wehrmachtsberichte aus dem Rundfunk nachstenographieren, Hiddemann in die Schreibmaschine diktieren und für die Truppe am „Schwarzen Brett" aushängen. Zeitungen gab es nicht mehr regelmäßig. Der Wehrmachtsbericht sollte den Eindruck vermitteln, daß zwar höchste Gefahr besteht, aber noch nicht alles verloren ist, wenn nur jeder bis zum Einsatz der „Wunderwaffe" durchhält.
Am 1. März schrieb ich nach Hause: „Gestern abend war Schwarz über die Rede von Reichspropagandaminister Goebbels so begeistert, daß er mich bat, sie bei ihrer wiederholten Durchgabe im Rundfunk von 23.00–00.15 Uhr nachzustenographieren und in Maschinenschrift zu übertragen, damit sie den Männern vom Schulungsleiter vorgelesen werden könne. Das war eine zermürbende Arbeit. Zum Glück kam heute eine Zeitung, so daß ich oder Kamerad Hiddemann mindestens 3–4 Stunden Maschinenschreiben für diese klangvollen, aber eben doch nur Worte einsparte. Um 00.45 Uhr lag ich im Bett. Um 1.15 Uhr kam dann eine Fluchtmeldung, und heute kamen noch mehr dazu!"
Im Hause des Kirchenrates Monninger, in dem ich ein und aus ging, verteidigte der zweite Pfarrer Dr. V. diese Rede, obwohl sich alle anderen Anwesenden ganz entschieden gegen sie aussprachen. Goebbels sei für ihn Obrigkeit. Darum vertraue er auf ihn und auf den „Endsieg". Es war schon eine merkwürdige Diskussion zwi-

schen einem NS-feindlichen „Oberscharführer" und einem NS-treuen Pfarrer, der immer noch das Parteiabzeichen trug.
Nach dem 18. März sind meine „Hersbrucker Notizen" bis zum 29. März sehr lückenhaft, insgesamt fehlen elf Tage. „Aus diesen Tagen hätte ich viel zu berichten. Jedoch war die Belastung durch meine Arbeit so groß, daß ich mein Notizbuch nicht mehr ordentlich führte."[109]
Am Ostersonntag, dem 1. April 1945, besuchte ich mit Kameraden in der Frühe den Auferstehungsgottesdienst der Gemeinde Hersbruck in der Friedhofskapelle. Gestärkt kehrten wir in die Kaserne zurück.
Da geschah das Entsetzliche: „Tiefflieger griffen einen Personenzug, der an unserer Rampe schnell anhielt, mit Bordwaffen und zwei Bomben an. Eine Bombe traf den vierten Wagen und zerriß ihn völlig. Sogar eine Achse war gebrochen. 48 Tote[110], 75 in der Mehrzahl furchtbar Verletzte wurden in der Kaserne behandelt. Dort starben 4, später in Krankenhäusern noch 15–20, so daß es zusammen etwa 70 Tote waren. Ich half, indem ich den Ärzten organisatorisch zur Hand ging. Dann diente ich vielen seelsorgerlich. Ich sagte ihnen Schriftworte von der Auferstehung Jesu Christi, betete mit ihnen, segnete sie mit Handauflegung und schlug das Kreuzeszeichen über sie. Viele Soldaten, auch Ungarn, Franzosen, Tataren (in deutschen Uniformen) und Frauen mit ganz furchtbaren Verletzungen waren darunter. Niemand hinderte mich. Sogar Kompaniefeldwebel Stabsscharführer Schulz trieb mich an. Viele dankten mit Tränen in den Augen oder drückten mir die Hand. Manche sprachen das Vaterunser mit. Ein SS-Oberscharführer sagte nach jeder (Vaterunser-)Bitte: ‚Ja, ja!' Er kannte fast alle österlichen Worte von der Auferstehung Jesu Christi."[111]
Unvergeßlich ist mir eine sterbende Frau. Ein Auge war zerstört, das andere geschlossen. Ich sprach sie an: „Schwester im Herrn, höre! Heute ist Ostern. Unser Herr und Heiland spricht zu dir: ‚Ich bin die Auferstehung und das Leben, wer an mich glaubt, der wird leben, auch wenn er sterben muß. Und wer da lebt und glaubt an mich, der wird nimmermehr sterben.'" Sie spürte die segnende Hand auf ihrer Stirn, öffnete mühsam das unverletzte Auge und hauchte einen leisen Dank.
Ein Feldwebel, der im Keller lag, war nach dem Schriftwort: „So spricht der Herr: Fürchte dich nicht! Ich habe dich erlöst, ich habe dich bei deinen Namen gerufen! Du bist mein!", sehr bewegt.
Einem Ungarn in deutscher Uniform konnte ich mich nicht ver-

ständlich machen. Doch das Wort „Christus" brachte Leben in sein Gesicht. Ähnlich erging es mir mit einem sibirischen Tataren, der – ebenfalls in deutscher Uniform – abwehrend sagte: „Nix deutsch!", dann aber auf das eine Wort „Christus" mit einem „Ja, danke!" reagierte.
Unvergeßlich ist mir auch, wie nach dem immer wieder ausgestoßenen, gellenden Hilferuf: „Häftlingsärzte! Häftlingsärzte!", diese entrechteten, entehrten Menschen mit Spritzen und Binden herbeieilten und unseren beiden Ärzten und wenigen Sanitätern halfen.
Bei den Häftlingen und der Wachmannschaft gab es keine Verluste. Die Angreifer hatten ganz offensichtlich das Lager und die unmittelbar danebenstehende Kaserne verschont.
„Täglich griffen einzelne Tiefflieger die beiden Bahnhöfe" Hersbruck-links und Hersbruck-rechts, aber auch einzelne Personen im freien Gelände, an. Das war „eine unheimliche Sache bei mangelndem Schutz".[112]
Am 7. April wurden „1600 Kranke in 30 offenen Güterwagen nach Dachau in Marsch gesetzt. Dort war keine Anmeldung erfolgt, auch nicht über Flossenbürg!![112a]
Von diesen 1600 Kranken sind 1530 Häftlinge in Dachau eingetroffen und in den Zugangsbüchern registriert worden, das heißt, 70 Häftlinge sind während des Transportes gestorben.[113]

Schon am 8. April gab es wieder einen „Bombenangriff. Diesmal (auch) auf die Kaserne. (Zwischen Kaserne und Lager waren auf engem Raum) 70 Soldaten angetreten. (Man glaubte sich durch das Lager geschützt, hatte keinen Alarm gegeben und war überrascht, als die Flieger zur Schonung des Lagers nur Brandbomben, gezielt auf die Truppe und die Kaserne, warfen. Die Bomben trafen nur die Kaserne, wo sie auf dem Söller, ohne Brandschaden angerichtet zu haben, gelöscht werden konnten. Verluste hatten wir nicht. Aber) mehrere Häuser gegenüber der Kaserne wurden (durch Spreng- und Brandbomben) total zerstört. Dort gab es 8 Tote und 20 Verletzte, darunter die beiden prachtvollen Töchter Stahl (die am Sonntag zuvor als Rote-Kreuz-Helferinnen bei uns geholfen und dafür gesorgt hatten, daß kein Verwundeter nach der ersten Versorgung ins Lazarett abtransportiert wurde, ohne daß ich mit ihm gebetet und ihn mit Handauflegung gesegnet hatte.
Unter den getroffenen Häusern der Amberger Straße war auch das katholische Pfarrhaus, das brannte.) Ich räumte (mit anderen) die Wohnung des Pfarrers aus und verstauchte mir dabei einen Fuß.

(Das war eine) starke Behinderung, zumal nun das Lager verlegt werden sollte."[114]

Während unserer letzten Tage in Hersbruck hörte ich von Häftlingen, daß „Höhere SS-Führer" gefesselt in das KZ Flossenbürg eingeliefert wurden und etwas später ihre nackten Leichen auf Bahren zur Verbrennung getragen worden seien. Genaueres war nicht zu erfahren und auch wohl nicht bekannt. Ob es sich dabei um den Chef der Abwehr, Admiral Canaris, um General Oster, den hessischen Pfarrerssohn, Heeresstabsrichter Sack, und den Theologen der Bekennenden Kirche, Dietrich Bonhoeffer, gehandelt hat? Sie alle gehörten zum Widerstandskreis, der am 20. Juli 1944 im letzten Augenblick Deutschland und die ganze Welt vom Tyrannen Hitler befreien wollte.

Wie ich später erfuhr, hat man sie tatsächlich nach langer, qualvoller Haft gefesselt im KZ Flossenbürg eingeliefert, durch ein SS-Standgericht – Beisitzer war u. a. auch der Kommandeur des KZ Flossenbürg, SS-Obersturmbannführer Koegel – zum Tode durch den Strang verurteilt und am 9. April 1945 in Gegenwart des KZ-Adjutanten, SS-Obersturmführer Baumgartner, nackt aufgehängt. Ihre Leichen wurden im Freien aufgetürmt und verbrannt.[115]

Dietrich Bonhoeffer ist der bekannteste der achtzehn Märtyrer der Bekennenden Kirche. Ein Bruder Bonhoeffers und zwei seiner Schwager wurden um die gleiche Zeit an anderen Orten hingerichtet, bzw. von der Gestapo durch Genickschuß ermordet.[116]

An einem der letzten dieser chaotischen Tage rief mich der Kommandeur des KZ Flossenbürg, SS-Obersturmbannführer Koegel, an. Ich sollte seiner Frau schreiben, die sich in einer Jagdhütte im Wald bei Förrenbach (?) aufhielt, daß er zuerst in die Alpen und von dort evtl. in die Schweiz weiterfahren werde. Sie sollte sich ihm anschließen und ihm über mich umgehend Antwort geben. Der Fahrradbote brachte eine Absage, die ich an Koegel weitergab. Er dankte, ohne sich weiter zu äußern.

Auf unserem Marsch mit den Häftlingen in Richtung Alpen sah ich auf einem Abstellgleis des Bahnhofs Gmund am Tegernsee einen D-Zug, den hohe Fichten vor Fliegereinsicht schützten. Das Hauptquartier des Reichsführers der SS Himmler befand sich im nahen Bad Wiessee. Doch aus der Flucht der SS-Führer in die Schweiz wurde nichts. Koegel tauchte unter, wurde am 26. Juni 1946 ergriffen und erhängte sich in seiner Zelle, wie ich nach dem Krieg bei einem meiner Verhöre erfuhr.

„Der Feind kam Nürnberg näher. Nun wurde alles kopflos. Keine

Weisung für den befohlenen Abmarsch des Lagers lag vor. Ich hatte deshalb lange und wiederholte Gespräche und auch „heftige Auseinandersetzungen" mit Schwarz und Ehrlich und vertrat (dabei) die Meinung, (nach Abzug der SS mit einigen mir genehmen SS-Männern und den Häftlingen) dazubleiben und das Lager den Amerikanern zu übergeben."[117]
Korndörfer bezeugte nach dem Kriege: „Lenz setzte sich besonders dafür ein, das Lager nicht abrücken zu lassen, um den Häftlingen alle Strapazen und Gefahren zu ersparen, und bot sich an, das Lager zu übernehmen und den anrückenden Amerikanern zu übergeben."
Schwarz freilich reagierte auf meinen Vorschlag empört: „Aber Kamerad Lenz, ein SS-Mann geht doch nicht freiwillig in Gefangenschaft!" Ich aber blieb dabei: „Hauptsturmführer, und wenn Sie bis auf den Mond marschieren, werden die Amerikaner eher dort sein als Sie!"
Dem polnischen Häftling Kawalecki hatte ich schon lange vorher gesagt, daß ich bereit sei, das Lager zu übernehmen und zu übergeben. Er hatte keine Bedenken, wenn das Lager den Amerikanern übergeben würde. Vor einer Übergabe an die Russen warnte er mich eindringlich. Als polnischer Widerstandskämpfer hatte er schon seine Erfahrungen mit den Russen gemacht. Nach seiner Meinung würden die Russen nach der Besetzung des Lagers zunächst nichts grundlegend ändern. Dann aber würde einer nach dem anderen von der Übergangskommandoführung verschwinden, ohne je wieder zurückzukehren.
„Aber Sturmbannführer Kraft (SS-Führungsstab?) drängte anders. Daraufhin entschloß sich Schwarz zum Abmarsch in 5 Kolonnen Richtung Regensburg-Dachau."[118]
Ich erinnere mich noch genau daran, daß Schwarz mir bei einer Auseinandersetzung berichtete, Sturmbannführer Kraft habe davon gesprochen, die Häftlinge in die Stollen bei Happurg zu treiben, dort einzumauern und in die Luft zu sprengen. Allein den Gedanken wies Schwarz weit von sich; er „entschloß sich zum Abmarsch".[118]
Es stimmt also nicht, wenn der ehemalige Häftling Korndörfer und wohl auch andere Häftlinge meinten, daß Schwarz vor der Ankunft der Amerikaner alle Häftlinge erschießen lassen wollte. Dagegen spricht auch, daß Schwarz vor der Evakuierung des Lagers der Wachmannschaft ganz strikt und mehrfach verboten hat, Häftlinge während des Marsches zu erschießen.
Vor dem Abmarsch ließ ich mir und meinem Begleiter, dem SS-Sa-

nitäts-Rottenführer Hotea, Bescheinigungen ausstellen, mit denen wir unterwegs Lebensmittel für die Häftlinge besorgen konnten. Ich erwartete chaotische Verhältnisse, wenn auch für die Versorgung der 3000 Häftlinge und der etwa 600 SS-Männer aus den Beständen des Lagers für den ersten Teil der Route Lebensmitteldepots angelegt worden waren.
Während des Marsches unterstand ich wie bisher dem Kommandoführer Schwarz. Ich hatte jetzt lediglich die Aufgabe, für den Transport des Offiziersgepäcks von Schwarz und Ehrlich zu sorgen. Die Lebensmittelbeschaffung gab mir die Möglichkeit, mich frei und unabhängig von meiner Einheit zu bewegen. Sogar vor einer Verhaftung durch die Feldpolizei, die „Fahnenflüchtigen" durch Standgerichte „kurzen Prozeß" machte und sie an den Galgen brachte, sicherte mich dieser Ausweis.
Hätte ich es gewollt, wäre es mir auch leicht gewesen, mich von der Truppe abzusetzen, in einem Pfarrhaus unterzutauchen, mich durch die Amerikaner „überrollen" zu lassen und in Zivil von Pfarrhaus zu Pfarrhaus mit fingierten Aufträgen bis nach Hause zu marschieren. Einige „Spitzköpfe" haben das geschafft. Aber ich widerstand dieser Versuchung während des langen Marsches auch in einsamen Gegenden, weil ich mich der Verantwortung nicht entziehen wollte und meinte, die Kameraden und Häftlinge nicht im Stich lassen zu dürfen.

In der Woche nach dem 8. April – die genauen Termine habe ich nicht notiert – marschierten an jedem Tag „4 Blöcke à 600 Häftlinge" und am Samstag, dem 14. April, „der 5. (und letzte) Block" ab.[119] Insgesamt schleppten sich also 3000 Häftlinge in Richtung Schmidmühlen-Dachau. Kompaniefeldwebel Schulz war nach dem Abmarsch der letzten Kolonne verschwunden.
Das Fernziel waren die Alpen, wie ich hörte, die bis zum „Endsieg" verteidigt werden sollten. Nach einem Gerücht planten die SS-Führer, alle Häftlinge aus den Konzentrationslagern „Großdeutschlands" im Ötztal zu konzentrieren. Das bedeutete für uns, Umwege auf Nebenstraßen eingerechnet, eine Marschstrecke von etwa 500 Kilometern! Ich bin absolut sicher, daß die meisten Häftlinge dieses Ziel nicht erreicht hätten und daß außerdem im Ötztal für die Unterbringung und Verpflegung Hunderttausender nichts vorbereitet war.
Das Lager hatte man geräumt; die Akten, auch die Zweitschriften der Totenscheine, verbrannt. Die Erstschriften wurden im SS-Stan-

desamt Flossenbürg aufbewahrt, wo sie sicherlich auch vernichtet worden sind. Den Amerikanern durfte nichts Belastendes in die Hände fallen, keine Häftlinge und keine Unterlagen. Sie fanden tatsächlich nichts und wußten doch alles.
Dem 5. Block folgten Schwarz und Ehrlich im holzgasgetriebenen Verpflegungslastwagen mit dem Offiziersburschen Voll. Der SS-Sanitäter Hotea und ich hatten den Personenwagen an den Lkw anhängen müssen, weil es kein Benzin gab. Das Steuern des Pkw war auf den engen und kurvigen Nebenstraßen ziemlich mühselig und anstrengend. Bald hatte mein Wagen, dessen abgenutzte Reifen den Schotterstraßen nicht gewachsen waren, zwei „Platte". Deshalb blieb er in einem einsamen Tälchen einen Nachmittag liegen. Ich erinnere mich, daß mir gerade an dieser Stelle Fluchtgedanken besonders zusetzten. Doch am Abend fuhr ich dann weiter bis zur ersten Station Schmidmühlen; wegen Fliegergefahr ohne Beleuchtung und wieder im Gefolge des Lkw.
Am nächsten Vormittag nahm ich am katholischen Gottesdienst teil. Der Pfarrer hielt eine schlichte und gute Predigt über das „Evangelium vom Guten Hirten" (Joh. 10,11–16). „Wie bewegte mich das!" Die Kirche war überfüllt. Sogar SS-Männer konnte man sehen. Am Nachmittag besuchte ich den Pfarrer. Wir hatten ein offenes Gespräch, bei dem ich u. a. erfuhr, daß der NS-Ortsbauernführer von Schmidmühlen die Hitler-Bilder in seinem Hause schon entfernt hatte. Ich notierte: „Die Offiziere kümmerten sich überhaupt nicht um die beiden dort liegenden Blöcke und ihre Kranken. In Schmidmühlen blieben zahlreiche Kranke zurück"[120] und, wie ich später erfuhr, auch der Marschblock 5, der sich dort mit Obersturmführer „Rudi" den anrückenden Amerikanern auslieferte.
Montag früh fuhr ich mit einem Fahrrad bis nach Hainsacker. Unterwegs traf ich nach einem langen Anstieg bei Kalmünz auf der Höhe bei Dornau auf eine größere Kolonne Häftlinge. Es waren wohl die Häftlinge vom Block 3, die erschöpft am Wegrand lagerten und mit letzter Kraft in großen Behältern gekochte Kartoffeln und Trinkwasser aus Bauernhöfen heranschleppten. Ich beteiligte mich am Austeilen und „zwang Posten zum Helfen".[121]
Danach umgingen wir Regensburg an der Donau westlich. In Schwaighausen traf ich SS-Hauptscharführer Samigk, der bei mir prahlte, einen Häftling erschossen zu haben, weil der aus einem Stall ein Hühnerei gestohlen hatte. Ich war entsetzt und machte ihn darauf aufmerksam, daß er auch das einmal würde verantworten müs-

sen. Nach dem Krieg wurde Samigk für diesen Mord zu einer mehrjährigen Gefängnisstrafe verurteilt.
In Hainsacker mußte der Pkw dann endgültig stehenbleiben, nachdem ein Infanterieoberst meine Bitte um etwas Benzin abgelehnt hatte. Er hatte selbst kein Benzin mehr. Deshalb mietete ich einen Bauernwagen mit einem Paar Zugochsen, um das Gepäck weitertransportieren zu können. Fahrer, Gespann und Wagen wechselte ich nach jeder Tagesfahrt aus.
In Hainsacker blieben 80 kranke Häftlinge in Scheunen zurück. „Verschiedene wollten sie erschießen. Ich protestierte unter Hinweis auf das Schießverbot des Kommandoführers. Es geschah nicht."[122]
Am 17. April begleitete ich einen Häftlingsblock, der „durch Sonnenglut über Dettenhofen auf Pielenhofen marschierte".[123] Ich suchte „den Klosterdirektor" auf, schilderte ihm ausführlich die Lage der Häftlinge und bat um Hilfe durch das Kloster. Mir gegenüber blieb er verschlossen. Auch die erbetene Hilfe konnte er nicht gewähren, weil sich das Kloster „durch einen gewaltigen Hilfeeinsatz" für die zahlreichen, das Kloster noch umlagernden gefangenen Engländer völlig verausgabt hatte. „Auf dem Weg über die Höhe hatten wir danach viele Kranke und Sterbende." Überall am ansteigenden Feldweg lagen Decken, Eßgeschirre, Holzschuhe u. a., die Häftlinge aus totaler Schwäche und Verzweiflung weggeworfen hatten. „Gruppe 1 meldete an diesem Tag zahlreiche Tote. Welches Elend!! Die Kolonne 1 hatte bis dahin 40 Tote" bei einer Stärke von 600 Mann. „Die anderen Kolonnen hatten nur je 11–20 Tote" bei gleicher Stärke. Ich nehme an, daß bei der Kolonne 1 Häftlinge, die nachts fliehen wollten, erschossen worden sind. Schüsse aus größerer Entfernung habe ich immer wieder gehört. „Das Herz zerbrach mir fast. Ich lud meinen Ochsenwagen mit Häftlingen voll", veranlaßte Bauern, liegengebliebene und noch lebende Häftlinge trotz ihrer starken Verlausung aufzunehmen, „protestierte gegen Brutalitäten und fuhr nach vorne. Es war nicht mehr anzusehen, und ich konnte doch nicht helfen."
Vom 17. zum 18. April hatte ich in Münchried ein gutes Quartier. Die Häftlinge bekamen von den Bauern Suppe und Kartoffeln. In Deuerling suchte und fand ich schließlich Schwarz und marschierte mit ihm und Ehrlich etwa 40 km über Kelheim an der Donau zum SS-Arbeitslager Saal. Dieses kleine Lager unterstand „SS-Hauptscharführer Meier, der bei der Bevölkerung verhaßt war". Einer von seinen Posten zerschoß einem unserer Häftlinge die Hand, als

der – halbtot vor Hunger – durch den Zaun nach Löwenzahn langte. Häftlinge meldeten mir das und berichteten außerdem, daß sie Pfützenwasser trinken mußten. Erbost suchte ich Lagerführer Meier auf und geriet mit ihm in einen „harten Disput. Ich sorgte für Wasser und verwarnte prügelnde Kapos." Mein Quartier hatte ich bei Elektromeister Rieger, der ein „Antinazi" war. „400 Kranke ließen wir im Lager Saal zurück, die per Bahn nach Dachau transportiert wurden."
Am 20. April, Hitlers Geburtstag, den jetzt niemand mehr erwähnte, zogen wir über Abensberg, Elsendorf und Mainburg weiter nach Seysdorf. Ich begleitete immer noch den Ochsenwagen mit dem Gepäck. In Elsendorf „kaufte ich für die Häftlinge ein Pferd zum Schlachten".
Kurz vor Mainburg wurde die unter Straßenbäumen rastende Kolonne von einem Tiefflieger angegriffen. Die weißen Fahnen, die unsere Kolonnen vor Luftangriffen schützen sollten, waren durch die Bäume nicht zu erkennen gewesen. Als ich dazukam, hatte man gerade am Waldesrand den polnischen Friseur der SS-Kaserne Hersbruck begraben; eben den, der mich nach Martin Niemöller gefragt hatte. Militärische Einheiten – ihnen hatte dieser Angriff gegolten – müssen damals hart getroffen worden sein, denn überall lagen zertrümmerte Wagen auf der Straße. Die Höhe der eigenen Verluste ist mir nicht bekannt.
In Seysdorf stellte mich ein Major der Feldjäger als fahnenfluchtverdächtig und befahl mir, das selbstgewählte Quartier zu verlassen. Meine Vollmacht, mit der ich Lebensmittel für die Häftlinge beschaffte, befreite mich nach kurzem Verhör aus einer gefährlichen Lage.
Während dieser Zeit versuchten wir, den Marsch der Häftlinge, wo es nur ging, zu verzögern, denn die Amerikaner waren in Süddeutschland bereits so weit vorgerückt, daß sie uns den Weg nach Tirol abzuschneiden drohten.

Über Ober-Nösbach, wo Hotea und ich ein Quartier bei lieben Leuten hatten, kamen wir am nächsten Tag, es muß wohl Dienstag, der 24. April, gewesen sein, in das SS-Truppenlager Dachau. Die Kolonnen waren schon einen Tag früher im KZ Dachau angelangt. Das SS-Truppenlager machte „einen unordentlichen Eindruck, während das KZ, von außen gesehen, besser aussah". Ich durfte das eigentliche KZ nicht betreten und besuchte SS-Sturmscharführer Strobl, der von Hersbruck nach Dachau versetzt worden war, um mich über die Lage zu unterrichten. Von ihm erfuhr ich, daß alle Pfarrer, also auch Niemöller, aus Dachau entlassen seien. Strobl war freilich nicht genau orientiert. Niemöller u. a. waren noch nicht entlassen, sondern auf dem Transport nach Tirol, wie er mir später mitteilte.

Am Abend traf ich Schwarz, der mir auf der Bahnrampe des Lagers „die abreisefertigen prominenten Häftlinge Schuschnigg (den früheren Bundeskanzler von Österreich) mit Frau und Tochter sowie Léon Blum (den früheren Premierminister von Frankreich) mit Frau zeigte. Die anderen konnte ich in der Dämmerung nicht erkennen." Sicherlich sollten sie mit der Bahn in die Tiroler Alpen transportiert werden.

Bei dieser Gelegenheit hörte ich einen „interessanten Disput von zwei vornehmen Gefangenen mit einem brutalen Sturmscharführer".[124] Laut brüllend forderte er die beiden immer wieder auf, ihre Handkoffer zur Rampe zu tragen. Beide reagierten nicht und erklärten schließlich: „Solange Sie so schreien, bleiben die Koffer stehen!" Auf den nun ruhig gegebenen Befehl gingen beide mit den Koffern auf die Rampe. An Ort und Stelle hörte ich, daß der eine ein Hohenzollernprinz war. Später stellte ich fest, daß es sich um den belgischen König Leopold III. handelte.

Am Abend des nächsten Tages marschierten 15 000 Häftlinge in vier Gruppen ab. Auch eine Frauenkolonne war dabei. Ich mußte wieder das Offiziersgepäck transportieren und marschierte deswegen in der Wagenkolonne. Im Lager blieben 32 000 Häftlinge, die bereits vom „Internationalen Roten Kreuz" betreut wurden. Das waren aber nur Angehörige der westlichen Nationen, während die Reichsdeutschen, Österreicher, Juden aus allen Nationen, Russen und Angehörige aller übrigen Oststaaten abmarschieren mußten.

Es folgte „ein entsetzlich langer und langsamer Marsch durch Nacht und Regen bis zum Nachmittag in den Wald vor Starnberg. Es war ein furchtbarer Propagandamarsch durch die Ortschaften", besonders die westlichen Vororte Münchens und Gautings. „Viele Häftlinge brachen zusammen, Sterbende wurden brutal hochgerissen." Die Bevölkerung sah das mit Tränen in den Augen und voll verhaltener Wut. In Gauting warfen manche Brotlaibe aus ihren Häusern in die Kolonnen. Die Wachmannschaft verhinderte das nicht. Unterwegs sah ich, wie ein mir unbekannter SS-Oberscharführer einen Häftling, der am Rande der Straße lag, mit seiner Pistole erschoß. Ich konnte es nicht verhindern. Als ich ihn voller Zorn einen Mörder

nannte, gerieten wir in eine heftige Auseinandersetzung, bei der er drohend meine Befehlsgewalt bezweifelte.
Bis zum Waldlager an der Achmühle bei Wolfratshausen marschierten wir in strömendem Regen weiter. Hotea und ich verbrachten eine Nacht im Stall der Mühle. „Dauernd lagen wir auf dem Sprung zur Flucht, aber immer war es noch nicht so weit."
Ohne genaue Daten aufzuschreiben, notierte ich mir damals: „Das Heer ist in Auflösung. Die Bevölkerung steht auf der Seite der FAB (einer militärischen Revolte in Bayern unter einem Hauptmann, die niedergeschlagen und deren Anführer erschossen wurde). Alle hören die feindlichen Sender trotz drohender Todesstrafe. So sind auch wir über die wenige Kilometer westlich verlaufende Front unterrichtet. SS-Wachleute fliehen in großer Zahl. Alles ist in Auflösung. Auch die Häftlingskolonnen. Aber die Häftlinge finden sich nach den Märschen durch Nacht und Regen wieder ziemlich zusammen. Häftling Pikave stellte ich eigenmächtig einen (Entlassungs-) Ausweis aus."
Beim Durchmarsch durch Wolfratshausen traf unsere Kolonne auf eine große Anzahl von Menschen, die eben die Kirche verlassen hatten. Die Kirchgänger waren empört beim Anblick dieses Elends. Trotzdem kam es zu keinen Handgreiflichkeiten gegenüber der Wachmannschaft.
An diesem Sonntag, dem 29. April, kam ich nicht zu einem Gottesdienstbesuch. Dafür las ich die „Losungen". Abends war ich bei dem evangelischen Pfarrer Weber, bei dem ich sehr freundlich aufgenommen wurde. Dort traf ich auch einen Kandidaten der Theologie, der Hauptmann der Infanterie war. Er hieß Mumm, und wie sich herausstellte, war sein Vater ein Freund meines Vaters. Gemeinsam suchten wir Martin Niemöller bei den Häftlingskolonnen, weil immer wieder behauptet wurde, er, Schuschnigg, Léon Blum, Kardinal Innitzer und der belgische König Leopold wären an der Spitze der Kolonne. Das stimmte aber nicht.
Im Wald zwischen Bad Tölz und dem Tegernsee befahl mir Schwarz, beim Stab des Reichsführers der SS Himmler in Gmund festzustellen, an welcher Seite des Sees die Häftlingskolonnen vorbeimarschieren sollten. Weil ich weder Pistole noch Koppel trug, die mir in der Nacht gestohlen worden waren, nahm mich unterwegs ein junger Infanterie-Leutnant fest. Er hielt mich für einen Fahnenflüchtigen. Doch ich konnte mich ausweisen und ließ ihn stehen. Wir waren zu zweit. Deswegen griff er nicht durch, sondern folgte uns mißtrauisch bis in die SS-Dienststelle hinein, wo er wortlos ver-

schwand. Nach meiner Rückkehr verhandelte Schwarz bereits wegen der Übergabe der Häftlinge an das „Internationale Rote Kreuz". Ich war bewegt vor Freude über die Befreiung dieser vielen NS-Sklaven und zugleich erschrocken bei dem Gedanken, daß von jetzt an einzig und allein Schwarz die Verantwortung tragen mußte.
Ich verabschiedete mich von ihm und marschierte mit SS-Mannschaften bis Fischbachau. Hier hörten wir von jungen SS-Führern, daß die Älteren nach Miesbach in die Gefangenschaft und die Jüngeren mit ihnen in Richtung Bayrischzell marschieren sollten, um von dort aus weiterzukämpfen. Dieser Plan, der auf heftigen Widerspruch stieß, ist ganz bestimmt nicht mehr verwirklicht worden. In Miesbach konnte ich dem dortigen Gemeindepfarrer meine „Hersbrucker Notizen" durch die Umzäunung zur Aufbewahrung übergeben. Schon am folgenden Tag wurden wir nach Aibling verlegt. Obwohl wir hier zu Zehntausenden dicht zusammengedrängt im Regen standen, hörten wir aufatmend und voller Freude die Nachricht von der Kapitulation des Dritten Reiches.
Doch wir kamen nicht nach Hause, wie wir gehofft hatten, sondern auf einen Acker bei Neu-Ulm. Unter etwa 40 000 Gefangenen hauste ich mit zwei Kameraden in einer Erdgrube unter einem nicht vollständigen Zelt. Die mehr als schlechte Ernährung und das kalte, nasse Wetter setzten uns zu. Trotzdem raffte ich mich nach einiger Zeit dazu auf, an jedem Abend in meinem Stacheldrahtabschnitt für die Mitgefangenen kurze Gottesdienste zu halten. Vor Schwäche konnte ich oft kaum auf der Kiste stehen, die mir als Kanzel diente. Eines Tages hatte ich überhaupt kein Essen bekommen, weil die Rübensuppe nicht für alle gereicht hatte. Schwach vor Hunger mühte ich mich im Erdloch um meine Abendpredigt. Unter Tränen rief ich Gott um Kraft und Beistand an. In diesem Augenblick brachte mir ein junger, unbekannter Kamerad, der als Nicht-SS-Angehöriger zu einem Arbeitskommando mit zusätzlicher Verpflegung gehörte, einen Beutel Sojamehl mit Zucker gemischt. „Ich dachte, daß du als Prediger Hilfe brauchst!" erklärte er mir. Ein unvergeßlicher Augenblick für uns beide. Der junge Kamerad schrieb mir nach dem Krieg als Theologiestudent in Erinnerung an jenes gemeinsame Erlebnis.
Schon bald fing man an, die Gefangenen zu entlassen; zuerst die Landwirte, zuletzt die Lehrer und Pfarrer. Alle SS-Angehörigen wurden nach Dachau verlegt. Ich wurde nicht aufgerufen, obwohl ich bei den Angaben zu meiner Person nichts verschwiegen hatte.

Hinzugefügt hatte ich allerdings: Pfarrer der BK und Ausschluß aus der NSDAP. Nachdem alle SS-Angehörigen nach Dachau abtransportiert und der letzte Gefangene entlassen worden war, blieb ich allein in dem 2000-Mann-Areal zurück. In meinem Erdloch stand das Wasser. Eine Zeltplane besaß ich nicht mehr.
Nach einigem Hin und Her nahmen mich drei junge amerikanische Offiziere fest, die mir ganz offensichtlich mißtrauten: „SS – keine Entlassung!" Aber der Kommandant entschied: „Okay, mit sofortiger Wirkung entlassen! Ich darf es nicht und tue es doch!"
Innerhalb von zwei Tagen gelangte ich auf recht abenteuerliche Weise nach Hause. Von 130 Pfund war ich nach sechzig Tagen Gefangenschaft auf 103 Pfund abgemagert. Aber ich hatte keine körperlichen Schäden davongetragen. Ich fand meine Familie wohlauf und konnte schon am nächsten Sonntag in den Gottesdiensten meine Gemeinden begrüßen.

5. Die Zahl der Toten

Am 24. Mai 1950 schrieb das Nürnberger „8 Uhr-Blatt" unter der Überschrift mit großen Lettern: „Pfarrer Lenz sagt im Happurg-Prozeß aus. 3513 KZ-Tote klagen an, ‚Tiere, Banditen, Staatsfeinde' nannte sie der Herr Adjutant (des KZ Flossenbürg).
Im Happurg-Prozeß gab es bisher keinen Zeugen oder Angeklagten, der bei seiner Vernehmung nicht auch den Pfarrer Lenz erwähnt hätte. Pfarrer Lenz war Feldwebel bei einer Luftwaffeneinheit..., von der 39 Angehörige zur SS überführt worden waren. In Hersbruck war er nicht nur der Kommandanturschreiber, sondern nach den Schilderungen der beteiligten Zeugen wie Angeklagten auch als SS-Oberscharführer der Vertreter des aufrechten, unerschrockenen christlichen Menschen, der durch sein Auftreten die SS-Leute in ihre Schranken verwies. Der aus seiner Pfarrgemeinde Münzenberg erschienene Zeuge Lenz wurde deshalb am Dienstagnachmittag mit nicht alltäglicher Spannung erwartet."
Aus dem langen Bericht über meine Vernehmung möchte ich hier nur die Zahlen der Häftlinge nennen, die nach Hersbruck gebracht wurden und die dort gestorben sind.
„Vorsitzender: ‚Herr Pfarrer, Sie haben konkrete Aufzeichnungen. Wie viele Häftlinge gingen durch das KZ-Außenlager Hersbruck?'
Zeuge: ‚Nach meinen Aufzeichnungen sind etwa 10 000 Menschen nach Hersbruck gekommen.'"
Eine genaue Angabe konnte ich nach meinen Unterlagen nicht machen, weil ich nur die Zugänge in Hersbruck notierte, von denen ich erfuhr. Ein nachträglicher Versuch, eine genaue Zahl mit Hilfe der von mir notierten Ab- und Zugänge, der Totenlisten und Evakuierungskolonnen festzustellen, ergab 8702 Häftlinge.
Toni Siegert nennt in seiner Arbeit über „Das Konzentrationslager Flossenbürg" 3800 Häftlinge, die am 8. April 1945 aus dem Lager Hersbruck nach Dachau gebracht wurden. Ich selbst habe nur 3000 notiert. Möglicherweise hat Siegert noch die Außenkommandos des Lagers Hersbruck hinzugezählt, die sich den Kolonnen unterwegs anschlossen. Darüber war ich nicht unterrichtet.
Insgesamt wären demnach in Hersbruck mindestens 9500 Häftlinge gewesen. Dabei sind dann die nach Flossenbürg und in andere Lager

abkommandierten arbeitsfähigen Häftlinge von Hersbruck nicht berücksichtigt.
Nachdem am 11. Februar 1945 die Gefangenen aus Groß-Rosen aufgenommen werden mußten, war das Lager total überbelegt. Meine vorsichtige Schätzung: 6000 Häftlinge.
„Und wie viele (von diesen fast 10000 Häftlingen) kamen ums Leben?", fragte mich der Gerichtsvorsitzende während meiner Vernehmung in Nürnberg-Fürth.
Ich konnte diese Frage dank einer Aufstellung über „die Toten des Lagers Hersbruck vom Juni 1944 bis März 1945" beantworten. Kurz vor der Auflösung des Lagers hatte mir der Rapportschreiber Korndörfer diese Liste insgeheim aufgestellt. Das Original blieb nach meiner Vernehmung bei den Akten des Kriegsverbrecherprozesses Flossenbürg in Dachau. Eine Abschrift besitze ich aber noch. Sie bestätigt die Angaben meiner „Hersbrucker Notizen" über die monatlichen Totenzahlen bis auf zwei kleine Abweichungen, die ich hier nicht berücksichtige.
Insgesamt starben in der Zeit vom Juni 1944 bis März 1945, d. h. in zehn Monaten, 2640 Menschen im Lager. Dazu kommen noch die Todesfälle der nach Flossenbürg transportierten Schwerkranken. 1395 wurden bis Ende 1944 dorthin gebracht. Ab Januar 1945 nahm Flossenbürg keine kranken Häftlinge mehr auf, weil die Kommandantur mit einer Evakuierung des Lagers rechnen mußte. Von diesen 1395 Kranken starben nach einem Bericht, den ich unter einem Vorwand vom Krankenbau Flossenbürg angefordert hatte, bis zum 9. Januar 1945 873 Häftlinge. Das sind mehr als 62 Prozent.
Doch selbst diese erschreckende Zahl wird noch übertroffen. Die Sterblichkeitsrate bei dem letzten Transport, der am 23. Dezember 1944 730 Kranke nach Flossenbürg brachte, war noch höher. Bis zum 9. Januar 1945 starben von diesen 730 Kranken 570. Innerhalb von siebzehn Tagen waren also über 78 Prozent gestorben.
Schon damals fiel mir diese schreckenerregend hohe Sterblichkeitsrate auf. Ich erklärte sie mir mit dem unbeschreiblichen Zustand „der Prozession wandelnder Leichen", die ich gesehen hatte. Daran, daß man diese Kranken ermordet haben könnte, dachte ich überhaupt nicht. Wie hätte ich denn annehmen können, daß kranke Menschen, die aus überfüllten Krankenbaracken eines Arbeitslagers in den „Häftlingskrankenbau" eines Konzentrationslagers verlegt wurden, massenweise umgebracht wurden?
Ebenso ahnungslos schrieb ich vier Wochen später nach Hause, daß

375 jüdische Frauen aus dem Groß-Rosener Transport „woanders hinkamen". Tatsächlich aber hatte man sie während der Fahrt nach Hersbruck in den Waggons ermordet, wie ich bereits berichtet habe.
Wie viele von den 1395 nach Flossenbürg gebrachten Kranken noch nach dem 9. Januar „gestorben" sind, ist mir nicht bekannt. Mit den bis dahin in Flossenbürg umgekommenen Kranken erhöht sich die Zahl der Toten des Lagers Hersbruck auf 3513.

Ein belgischer Häftling, der Zugang zur Lagerschreibstube hatte und nach dem Zusammenbruch vorübergehend Bürgermeister in Happurg war, nennt für das Lager einschließlich der in Flossenbürg Gestorbenen die Zahl von insgesamt 3580 Toten.[1] Damit sind sicherlich auch die in der Zeit vom 1.–13. April 1945 67 Verstorbenen erfaßt, die ich im Durcheinander des Aufbruchs nicht notiert habe.
Über die Verluste der 1600 Kranken, die mit offenen Waggons kurz vor dem 7. April nach Dachau transportiert wurden[2], und der 3000 Häftlinge, die bei Auflösung des Lagers in fünf Gruppen zu 600 Mann am 14. April und „in der Woche zuvor" Richtung Dachau abmarschiert waren[3], habe ich keine Angaben.
Toni Siegert[4] schreibt in diesem Zusammenhang: „Bereits am 10. April vermerken die Dachauer Zugangsbücher... die Ankunft von 1530 Häftlingen aus Hersbruck. Es handelt sich hierbei um Kranke, die per Zug transportiert worden sind." Danach sind von diesem Krankentransport 70 Häftlinge gestorben, womit sich die Hersbrucker Totenzahl auf 3650 erhöht.
Zum Abmarsch der Häftlinge des Lagers Hersbruck nach Dachau bemerkt Siegert: „Am 8. April 1945 war das Nebenlager Hersbruck mit rund 3800 nach Dachau in Marsch gesetzt worden, und auch bei diesem Marsch hatte man eine größere Anzahl von Häftlingen erschossen." – „Von diesem Transport trafen 2103 Häftlinge zwischen dem 24. und 26. April in Dachau ein", d. h. 1697 haben das Lager nicht erreicht. Sechshundert dieser Häftlinge waren mit der Kolonne 5 in Schmidmühlen geblieben und dort von den Amerikanern befreit worden. Achtzig Kranke ließen wir in Hainsacker. „400 Kranke blieben im Lager (Saal) zurück, die (nach Dachau) verladen wurden."[5] Insgesamt kamen also 617 Häftlinge nicht in Dachau an. Wie viele von ihnen erschossen wurden, wie viele gestorben oder geflohen sind, weiß ich nicht. Ich habe nur eine Notiz[6]: Nach dem verlustreichen Marsch über die Höhe bei Pielenhofen „meldete die

Gruppe 1 an diesem Tag zahlreiche Tote... Diese Gruppe hatte bis dahin 40 Tote. Die anderen Kolonnen hatten nur 11–20 Tote." Wer von diesen Toten erschossen wurde, ist mir ebenfalls unbekannt. Nachts habe ich mitunter einzelne Schüsse gehört, aber ich habe nie selbst gesehen, daß jemand aus den Hersbrucker Kolonnen erschossen worden wäre. Ich bin ganz sicher, daß wegen des Schießverbotes von Schwarz viel weniger Hersbrucker Häftlinge erschossen worden sind als bei den Kolonnen des KL Flossenbürg.
Wenn ich für den „Elendsmarsch" bei vorsichtiger Schätzung 350 Tote annehme, erhöht sich die Hersbrucker Totenzahl auf rund 4000. Damit wären von den etwa 9500 Hersbrucker Häftlingen einschließlich der Toten des Marsches bis Dachau innerhalb von elf Monaten 42,1 Prozent gestorben!!

6. Meine Entnazifizierung

Mit dem Zusammenbruch des Dritten Reiches und meiner Heimkehr aber war die Vergangenheit nicht ausgestanden. Immer wieder mußte ich berichten, wobei mich die Erinnerung an die schrecklichen Erlebnisse nicht zur Ruhe kommen ließ. In den ersten Jahren fanden meine Berichte großes Interesse, gepaart mit Entsetzen über die Greueltaten, die unter uns geschehen waren und von denen die meisten während des Dritten Reiches nichts erfahren hatten. Doch im Laufe der Jahre verstärkte sich immer mehr die Meinung, daß man allmählich unter dieses scheußliche Kapitel deutscher Geschichte einen Schlußstrich ziehen und nicht mehr davon reden sollte.
Dieser Meinung muß ich ganz entschieden widersprechen. Jeder Deutsche sollte sich heute und in der Zukunft immer dessen bewußt sein, was in deutschem Namen an Schrecklichem passiert ist. Wenn es eine Lehre aus der Geschichte gibt, dann doch die, daß jeder daran mitwirken muß, so etwas nie mehr geschehen zu lassen.
Während mich meine Gemeinden mit großer Herzlichkeit begrüßten, reagierten zwei frühere Nationalsozialisten auf meine Begrüßung in einer für mich geradezu demütigenden Weise. Ein ehemaliger SS-Mann zweifelte sogar an meinem Verhalten in Hersbruck und wollte mich aus seinem Hause weisen.
In eigener Regie wollte mich auch ein ehemaliger KZ-Häftling überprüfen, der angeblich im Lande nach untergetauchten SS-Leuten suchte. Ich verwies ihn an die amerikanische Militärregierung, der mein Fall bekannt war.
Ebenso suspekt war ich gewissen kirchlichen Kreisen. So straften mich zwei frühere DC-Pfarrer, denen ich vor dem Kirchenkampf persönlich nahestand, mit Verachtung. Ein interimistischer Kirchenführer wagte es sogar, mir vorzuschlagen, mich meiner politischen Vergangenheit wegen um eine andere Pfarrstelle zu bemühen; denn für meine Gemeinde sei ich doch nicht länger tragbar. Er bot mir eine Stadtstelle an. Ich bemerkte, daß darüber nur meine Kirchenvorstände zu entscheiden hätten, an die er dann doch nicht heranzutreten wagte. Dieser Kirchenmann, der während des Kirchenkampfes bei den Neutralen eine führende Rolle gespielt hatte,

war unter dem Nationalsozialismus „Förderndes Mitglied der SS" geworden und hatte sich mit einem hohen Beitrag von der Mitgliedschaft in der NSDAP freigekauft. In einem Gespräch unter vier Augen hatte ich ihm damals vorgehalten, daß selbst ich als „Alter Nationalsozialist" um meines Christseins willen niemals „Förderndes Mitglied bei der SS" hätte werden können. Immerhin galt die SS als weltanschaulicher Stoßtrupp der Partei.

Wie alle Deutschen mußte auch ich mich einem Entnazifizierungsverfahren unterziehen. Bis zur Klärung meiner NS-Vergangenheit erhielt ich als Pfarrer Berufsverbot, weil ich Parteigenosse gewesen war. Daß man mich aus der Partei „wegen Aufwiegelung des Volkes zu politischem Widerstand" ausgeschlossen hatte, blieb zunächst ohne Beachtung.

Dem Verbot, das Evangelium in Kirche, Schule und an Gräbern zu verkündigen, widersetzte ich mich nur auf Weisung des Landesbruderrates nicht. Nichts und niemand aber hinderte mich daran, Seelsorge in den Häusern zu betreiben. Mein Auto, das ich mir kurz vor dem Krieg wegen des Kirchenkampfes gekauft hatte, das während des Krieges ungenutzt in der Garage stand und sich in bestem Zustand befand, wurde vor Eröffnung des Verfahrens einem auswärtigen Kommunisten ohne Verfügung übereignet, von dessen „Widerstand" ich während des Dritten Reiches nichts gemerkt hatte. Das war übrigens derselbe Wagen, den die Geheime Staatspolizei während des Kirchenkampfes bei der Eröffnung eines Sondergerichtsverfahrens gegen mich beschlagnahmt und später wieder freigegeben hatte.

Nach dem Urteil der Spruchkammer Friedberg wurde ich am 1. Oktober 1946 in die Gruppe IV, d. h. der Mitläufer, eingestuft. Als Sühnemaßnahme hatte ich einen Sühnebeitrag in Höhe von RM 1200,– an den Wiedergutmachungsfonds und als Kostenbeitrag zum Verfahren zu zahlen. In der Begründung hieß es:

„Der Betroffene war Mitglied der NSDAP seit dem 1. Juli 1930 und wurde am 2. Juni 1939 ausgeschlossen; der SA-Reserve seit 1933, zuletzt als Rottenführer, und wurde 1935 ausgeschlossen. Fernerhin war er als Oberscharführer bei der Waffen-SS von 1944–1945. Die Mitgliedschaft bei der NSDAP, der Waffen-SS gliedern ihn nach Anwendung des Anhanges zum Gesetz in die Klasse II (der Belasteten), die Mitgliedschaft in der SA in den Teil B des Anhanges zum Gesetz. Der öffentliche Kläger stellt Antrag auf Einreihung in die Gruppe III der Minderbelasteten. Die Klageschrift führt aus, daß der Betroffene in den ersten Jahren ein fanatischer Anhänger der NS gewesen sei und später von der NS-Ideologie weit abgerückt ist. Gleichzeitig legt die Klageschrift dar, daß der Betroffene einen wirklich glaubhaft nachgewiesenen aktiven Kampf für die Bekennende Kirche geführt hat, woraus ihm ein Sondergerichtsverfahren angehängt wurde. Weiterhin beweist das in der Klageschrift angeführte Zeugnis des Pfarrers Niemöller, daß er ‚sich mit seinem ganzen Mannesmut für den Kampf der Bekennenden Kirche eingesetzt hat'. Außerdem ist glaubhaft nachgewiesen, daß der Betroffene bereits 1935 aus der SA und 1939 aus der Partei ausgestoßen worden ist.

Die der Kammer in großer Zahl vorliegenden Entlastungszeugnisse sowie Abschriften amtlicher Dokumente beweisen eindeutig die aktive Stellungnahme des Betroffenen gegen den Nationalsozialismus, nachdem er erkannt hatte, daß sich der NS in Idee und Praxis mit seinem Beruf und der Menschlichkeit nicht verträgt.

Der Bürgermeister bestätigt ihm, daß er vor 1933 als Anhänger der Nazis seine politischen Gegner geachtet habe und mit dem Beginn des Kirchenkampfes konkret Stellung gegen den NS nahm.

In gleicher Linie liegt die Beurteilung des Ausschusses der politischen Parteien. Der Ausschuß erklärt, daß man annehmen könne, der Beitritt zu den Nationalsozialisten sei aus idealistischen Gründen erfolgt und er angenommen hätte, alle kirchlichen, nationalen und sozialen Belange würden durch den NS gefördert. Der Kirchenkampf habe ihn eines anderen belehrt, und er sei als mutiger Anhänger der Bekennenden Kirche in den Kampf gegen den NS eingetreten, womit er ‚mehrmals sein Leben in Gefahr brachte'. Diese Charakterisierung ist durch alle beigebrachten Zeugnisse belegt.

Die Auskunft des Ermittlers schildert ihn als einen Mann, der bei der Auseinandersetzung des NS mit der Kirche zum schärfsten Gegner der Partei wurde.

Mit diesem aufrechten Kampf, den der Betroffene mit dem NS seit Ausbruch des Kirchenstreites geführt hat, erachtet die Kammer den Vorwurf des vermuteten Aktivismus im Sinne des Gesetzes für abgegolten. Somit verbleibt im Sinne des Gesetzes lediglich die rein formelle Mitgliedschaft in Partei und Gliederung, wobei ihm seine Mitgliedschaft im SS-Sturmbann Hersbruck nicht angerechnet wird, da sie auf Grund eines Befehls bzw. Kommandos erfolgte.

Die im Zuge seines Kampfes erlittenen Verfolgungen und Verhaftungen sind Begleiterscheinungen eines Kampfes, die seine Entlastung im Sinne des Artikels 39 unterstreichen. Dagegen können sie nicht als „entlastend" im Sinne des Artikels 13 gewertet werden. Folglich kann eine Eingruppierung in die Gruppe V der Entlasteten aus gesetzlichen Überlegungen heraus nicht vorgenommen werden. Andererseits hält es die Kammer bei dem Betroffenen durchaus nicht mehr für erforderlich, ihm eine Bewährungsfrist aufzuerlegen. Er hat durch seine gesamte Haltung, die im Jahre 1934 sich vom NS abwandte, die im Jahre 1935 zum Ausschluß aus der SA und im Jahre 1939 zum Ausschluß aus der Partei geführt hat, zur Genüge bewiesen, daß er gewillt und befähigt ist, in einem friedlichen, demokratischen Deutschland seine Pflichten als Staatsbürger zu erfüllen. Folglich erachtet die Kammer eine Eingliederung in die Gruppe III gemäß dem Antrag des öffentlichen Klägers für nicht erforderlich. Seine Mitgliedschaften werden ihm daher als rein nominelle Teilnahme am NS angerechnet, und er wird entsprechend gemäß Artikel 12 in die Gruppe IV der Mitläufer eingereiht.

Der Betroffene hat trotz seines Kampfes gegen Partei und Staat eine geordnete finanzielle Entwicklung erfahren und sonstige Nachteile nicht erlitten. Er wird unter Berücksichtigung seiner aufrechten Haltung, die zu offenem Streit mit Partei und Staat geführt hat, mit einer einmaligen Sühneleistung von RM 1200,– belegt, wobei die Kammer ausdrücklich bemerkt, daß sie lediglich wegen seiner aktiven Stellungnahme gegen den NS von der Verhängung der höchstzulässigen Sühnegebühr von RM 2000,– Abstand genommen hat. Im Falle der Nichtzahlung wird die Sühne in 30 Tage Arbeitsleistung umgewandelt. Die Kosten des Verfahrens werden dem Betroffenen auferlegt. Der Streitwert wird auf RM 6680,– festgesetzt." gez. Unterschriften. „Vorstehender Spruch erhält Rechtskraft mit dem 4. Nov. 1946."

Das Angebot der Kammer, gegen meine Einstufung in die Gruppe IV der Mitläufer Einspruch zu erheben, schlug ich aus, auch wenn man mir eine gute Chance einräumte, bei einem mündlichen Verfahren mit ziemlicher Sicherheit in die Gruppe V der Entlasteten zu kommen. Doch mir lag wenig daran, daß meine „Ehre" wiederhergestellt würde, aber alles, daß man mein Berufsverbot aufhob. So nahm ich die Einstufung in die Gruppe der Mitläufer mit dem Bemerken an, daß ich weder als Nationalsozialist noch als BK-Pfarrer je ein „Mitläufer" gewesen sei und mir diese Einstufung nicht gerecht wird.

Bald danach erhielt ich vom Kreisausschuß ohne Spruchkammerbescheid für meinen enteigneten Wagen ein anderes, fast gleichwertiges Auto.

Vom Kirchlichen Überprüfungsausschuß Oberhessen hatte ich bereits am 4. Juli 1946 einen Überprüfungsbericht bekommen. Darin hieß es:
„Pfarrer Lenz/Münzenberg war Mitglied der NSDAP vom 1. Juli 1930 bis 2. Juni 1939, Mitglied der SA-Reserve von 1933 bis 5. Sept. 1935.
Pfarrer Lenz hat damit an einer politischen Bewegung teilgenommen, die sich deutlich als antichristlich erwiesen hat und sich in schweren Verbrechen auswirkte.
Es ist daher nachzuprüfen, ob und in welchem Ausmaß sich Pfarrer Lenz gegen sein Ordinationsgelübde vergangen hat.
Das sehr umfangreiche Aktenmaterial, Zeugenaussagen und die persönliche Kenntnis ergeben folgendes Bild:
Pfarrer Lenz ist in gutem Glauben, im wesentlichen aus kirchlichen Gründen, in die NSDAP eingetreten. Als überzeugter positiver Theologe lutherischen Bekenntnisses war er nie Mitglied der ‚Glaubensbewegung Deutsche Christen', hat deren Irrlehre von Anfang an klar erkannt und eindeutig bekämpft.
Als sich in der NSDAP die antichristliche Tendenz bemerkbar machte, hat er sich sofort und vor aller Öffentlichkeit dagegen gewandt. Die bereits 1933 in der NSDAP gegen ihn deutlich werdende Ablehnung hat ihn keinen Augenblick gehindert, gebunden an sein Ordinationsgelübde, klar und mannhaft der immer deutlicher werdenden antichristlichen und die Gebote Gottes mißachtenden Haltung des NS entgegenzutreten. Lenz war bald der von der NSDAP gehaßteste Mann in der Wetterau. Als verschiedene Versuche der NSDAP, ihn durch parteidisziplinäre Maßnahmen zum Schweigen zu bringen und seine Gemeinde durch Einsatz der parteilichen Propaganda und des Machtapparates von ihm abspenstig zu machen, nicht zum Ziel führten, wurde er 1935 aus der SA-Reserve und 1939 aus der Partei ausgeschlossen. Pfarrer Lenz trat nur deshalb nicht freiwillig aus der NSDAP aus, weil er auf Anraten maßgebender kirchlicher Freunde den Kampf gegen die weltanschauliche Grundlage der Partei innerhalb ihrer eigenen Gliederung solange führen wollte, bis deren weltanschauliche Entlarvung eindeutig klar geworden sei. Indem Pfarrer Lenz diesen für ihn als Parteigenosse doppelt schweren Kampf so eindeutig und für jeden sichtbar führte, hat er viele abgehalten, in die NSDAP einzutreten, und viele Parteigenossen in ihrem Glauben an die Partei wankend gemacht.
Mit derselben klaren Konsequenz hat Pfarrer Lenz den Kampf gegen das zur Knebelung der Kirche eingesetzte NS-Kirchenregiment

geführt. Obgleich Parteigenosse, trat er bereits 1934 auf die Seite der Bekennenden Kirche und veranlaßte auch seine beiden Gemeinden zum Anschluß an diese. Als Mitglied der damaligen Nassau-Hessischen Landessynode hat er in einer Sitzung 1935 rücksichtslos die Zerstörungstendenzen in der Kirche aufgedeckt und so zu dem verdienten Ende dieser unrühmlichen Synode wesentlich beigetragen. Von da ab wurde er einer der Hauptführer der Bekennenden Kirche in Oberhessen. Unentwegt war er aufklärend und organisierend, ohne Furcht vor den Nachstellungen der NSDAP, den Maßnahmen der Geheimen Staatspolizei und der NS-Kirchenleitung tätig, um den Widerstand der Gemeinden wachzurufen und zu stärken. Ihm ist es im wesentlichen zu danken, wenn gerade in Oberhessen der Widerstand gegen den in die Kirche eindringenden NS-Geist so stark wurde, daß die NS-Kirchenleitung nur sehr vorsichtig ihre Ziele verfolgen konnte. Der Widerstand des Pfarrers Lenz und der zu ihm stehenden Gemeinden Oberhessens gegen die Kirchenzerstörung durch den NS-Geist konnte bis zuletzt nicht gebrochen werden.

Aus dieser Darlegung ergibt sich, daß Pfarrer Lenz trotz seiner Mitgliedschaft in der NSDAP nicht nur nicht gegen sein Ordinationsgelübde verstoßen hat, sondern durch sein klares folgerichtiges Verhalten wesentlich zur Entlarvung des NS-Geistes als eines antichristlichen und antikirchlichen im Raum der Nassau-Hessischen Kirche beitrug, so daß weit über seine eigene Gemeinde hinaus viele Gemeinden vor der verhängnisvollen seelischen Verirrung des NS bewahrt wurden. Sein kirchliches Verhalten in der Zeit der NS-Herrschaft und des NS-Kirchenregiments ist als vorbildlich zu bezeichnen.

Es besteht kein Grund, kirchliche Maßnahmen gegen Pfarrer Lenz zu ergreifen."

4 Unterschriften

7. Die Prozesse

„Zwischen 1946 und 1948 fanden in Dachau 19 Prozesse gegen Angehörige der Flossenbürger SS bzw. Kapos des Lagers statt. Bei diesen Verfahren sprachen die amerikanischen Militärgerichte 25 Todesurteile aus, von denen 17 vollstreckt wurden."[1] Unter ihnen war auch der letzte Kommandoführer des Lagers Hersbruck, SS-Hauptsturmführer Ludwig Schwarz. Am 22. Januar 1947 hatte man ihn zum Tode durch den Strang verurteilt, und am 3. Oktober 1947 wurde er mit sieben anderen Verurteilten hingerichtet. Acht Todesurteile – darunter auch das Todesurteil gegen den Hersbrucker Lagerältesten Martin Humm – wandelte man in lebenslange Freiheitsstrafen um.
Die Verurteilten wurden „der Teilnahme an dem verschwörerischen Plan zur Ermordung, Aushungerung und Mißhandlung von Häftlingen der Konzentrationslager" für schuldig befunden. „Die Begnadigungen zu lebenslänglicher Freiheitsstrafe veranlaßte General Clay. Die zu ‚lebenslanger Freiheitsstrafe' im Landsberger Gefängnis Inhaftierten wurden Mitte der fünfziger Jahre auf Parole entlassen, das heißt, sie mußten sich regelmäßig bei bestimmten Überwachungsbeamten melden. Auch diese Auflage fiel später weg.
Die Hinrichtungen fanden ebenfalls in Landsberg am Lech statt."
Der Kommandant des KZ Flossenbürg, Martin Koegel, hatte sich kurz nach seiner Verhaftung in der Untersuchungshaft erhängt.
„Gesucht wird noch der langjährige Adjutant und zeitweise stellvertretende Lagerkommandant von Flossenbürg, Ludwig (‚Lutz') Baumgartner. Seit den Evakuierungsmärschen ist er spurlos verschwunden."[2]
Über den wohl größten dieser neunzehn Prozesse berichtet ein Zeitungsausschnitt, den ich mir – allerdings ohne Titelangabe – aufbewahrt habe. Darin heißt es:
„Dachau, 23. Januar. In dem Prozeß gegen 45 SS-Männer und Kapos des Konzentrationslagers Flossenbürg wurde am Mittwoch das Urteil verkündet. 15 Angeklagte wurden zum Tode durch den Strang und 11 zu lebenslänglichem Zuchthaus verurteilt. 14 Angeklagte erhielten Gefängnisstrafen, und zwar einer von 30 Jahren,

vier von 20 Jahren, vier weitere von 15 Jahren, drei von 10 Jahren und einer von dreieinhalb Jahren. Fünf der Angeklagten waren bereits am Montag freigesprochen worden."

Einer von den in diesem Prozeß zum Tode Verurteilten war Schwarz. Er hatte mich durch einen ehemaligen Häftling gebeten, für ihn als Entlastungszeuge aufzutreten. Dazu war ich sofort und ohne Bedenken bereit. Denn Schwarz hatte nicht gemordet und war im übrigen, wenn auch sicher nicht unschuldig, ebenfalls das Opfer dieses unmenschlichen Systems.

Sechsmal wurde ich nach Dachau geladen. Die Vorladungen erfolgten immer kurzfristig und ohne Rücksicht auf meinen Pfarrdienst. In Dachau wartete ich dann in der Regel tagelang, bis meine Zeugenaussage gebraucht wurde.

Sobald ich als geladener Zeuge das frühere SS-Lager Dachau betreten hatte, das neben dem ehemaligen Konzentrationslager lag, durfte ich es ohne Erlaubnis nicht mehr verlassen. So verweigerte man mir sogar die Teilnahme an einem Sonntagsgottesdienst in Dachau.

Meine Vernehmung als Zeuge dauerte fast einen ganzen Tag. Ich saß auf einem erhöhten Zeugenstuhl. Vor mir präsidierte der Vorsitzende des Gerichtes mit vier (sechs?) Beisitzern; alle höhere amerikanische Offiziere. Zu meinen Füßen saß der Dolmetscher, und links von mir die 45 Angeklagten (Schwarz unter ihnen) mit ihren deutschen und amerikanischen Anwälten. Ich hatte die Freiheit, alles zu sagen; ja, das Gericht akzeptierte sogar meinen Protest, als der Vorsitzende eine meiner Aussagen anzweifelte.

Unterlagen über meine Aussagen besitze ich nicht. Ich berichtete über die Lagerverhältnisse und das Sterben der Häftlinge, schilderte die Grausamkeiten, besonders des Kommandoführers Forster, und stellte diesem immer wieder das „korrekte" Verhalten von Schwarz gegenüber, verschwieg allerdings auch nicht seine Ohnmacht, die Verhältnisse zu ändern. In diesem Zusammenhang verwies ich auf den Befehlsnotstand, in dem sich Schwarz ständig befand, hätte er doch bei einem Bruch des von ihm geleisteten SS-Eides sein Leben riskiert. Meinen Aussagen schlossen sich lange Kreuzverhöre durch den Ankläger und den Verteidiger an.

Doch meine und viele andere entlastende Aussagen nutzten nichts. Schwarz wurde der Teilnahme an dem „verschwörerischen Plan zur Ermordung, Aushungerung und Mißhandlung" von Tausenden von Häftlingen des Lagers Hersbruck für schuldig befunden und zum Tode durch den Strang verurteilt. Persönlich von ihm begangene

Mißhandlungen oder gar Morde konnten ihm nicht nachgewiesen werden. Aber als Lagerkommandant war er verantwortlich für alles, was unter seinem Kommando an Grausamkeiten und Unmenschlichkeiten geschehen war.

Das Urteil und seine Begründung überraschten mich. Nach deutschem Recht war er kein Mörder, d. h. er durfte auch nicht mit dem Tode bestraft werden. Sicher aber mußte er verantworten, was unter seiner Führung in Hersbruck, wenn auch ohne seine Zustimmung, so doch mit seiner Duldung, geschehen war.

Zum Märtyrer war er allerdings nicht geschaffen. Schwarz war nichts als ein gehorsamer Befehlsempfänger. Doch davon einmal abgesehen: Hätte er tatsächlich und nachdrücklich gegen die Befehle der SS protestiert, die Lagerverhältnisse wären unverändert geblieben.

Nach seiner Verurteilung setzte er seine ganze Hoffnung auf eine Gnadenaktion. Wieder war ich sofort dazu bereit, ihm zu helfen. Ich fuhr mit der Bahn viele hundert Kilometer kreuz und quer durch die Bundesrepublik und suchte ehemalige Häftlinge auf. Außerdem schrieb ich an ehemalige Häftlinge im Ausland und bat um Entlastungszeugnisse. So sammelte ich mindestens zehn Zeugnisse, aber ich erhielt auch mehrere mündliche und schriftliche Absagen. Die eidesstattlichen Erklärungen reichte ich mit einem ausführlichen Antrag auf Umwandlung der Todesstrafe in eine Gefängnisstrafe ein.

Als Beispiel für die abgegebenen Zeugnisse möchte ich hier aus der „Eidesstattlichen Erklärung" des ehemaligen „Häftlings in einigen Gefängnissen, Zuchthäusern und Konzentrationslagern", des Prager Hochschullehrers Dr. jur. Paulu zitieren:

„Der einzige Kommandant von allen, der wirklich ein anständiger Mensch war, war... Schwarz. Niemals sah ich ihn – und ich war mit ihm fast täglich in indirektem Verkehr –, daß er mit Häftlingen schlecht umgegangen wäre... ja, ich hörte ihn sogar niemals Häftlinge anschreien... Vielleicht der einzige Fehler, den ich dem Lagerkommandanten ansetzen könnte, könnte in dem Umstand liegen, daß er den im Lager verübten Grausamkeiten nicht imstande war, sich zu widersetzen oder sich nicht widersetzen konnte."[3]

Abschriften der übrigen Zeugnisse habe ich nicht. Die schriftlichen Absagen dagegen besitze ich alle.

So schrieb mir ein deutscher Lehrer: „Lassen wir der irdischen Gerechtigkeit ihren Lauf, weil Schwarz Humm nicht hinderte."

Den gleichen Vorwurf erhob ein französischer Professor: „Die Tatsache, daß er die Scheußlichkeiten, die täglich in Hersbruck geschahen, mit seiner Autorität gedeckt hat, untersagt es mir, zu seinen Gunsten auszusagen. Wenn er auch nicht selbst geschlagen hat, so hat er es doch zugelassen und auch niemals eine Besserung unserer Leiden versucht. Ich kann nicht vergessen, daß 250 000 meiner französischen Brüder aus diesen verfluchten Lagern nicht zurückgekehrt sind. Wenn Schwarz gehängt werden sollte, wäre das nur gerecht."

Alle Mühe war im übrigen vergeblich. 254 Tage hatte Schwarz gehofft. Am Abend des 2. Oktober nahm seine Frau von ihm Abschied. Neben einem Abschiedsbrief hinterließ er auf einem kleinen Zettel seine letzten Worte: „3. Oktober 8 Uhr morgens. Die bange Nacht ist nun herum. Ich habe sie ruhig und gesammelt verbracht. Nun habe ich mit der Welt abgeschlossen. Ich habe meinen Frieden in Gott gefunden. Das Tor des Todes steht offen, aber ohne Schrecken. Mein Herz ist freudig und ruhig. Lebt wohl!" Am 3. Oktober um 10.44 Uhr starb er.

Auffallend: In diesen letzten Zeilen findet sich kein Wort des Bedauerns über all das Schreckliche. Nach allem, was vorangegangen war, hätte man in dieser letzten Stunde doch wohl erwarten können, daß Schwarz auch einmal eigene Schuld bekannt hätte. Vielleicht aber begreift man jetzt noch besser, weshalb das Stuttgarter Schuldbekenntnis des Rates der Evangelischen Kirche in Deutschland 1946 nach dem Zusammenbruch des „Dritten Reiches" eine so geteilte Aufnahme im deutschen Volk gefunden hat.

SS-Obersturmführer „Rudi" war in einem anderen Prozeß wegen seines Dienstes im Konzentrationslager Dachau zu fünfzehn Jahren Zuchthaus verurteilt worden.

So ergebnislos meine Aussagen für Schwarz auch geblieben waren, in einigen anderen Fällen konnte ich in Dachau etwas für Angeklagte tun. So konnte ich dem SS-Unterscharführer Pampus bezeugen, daß er die Bekleidungs- und Waffenkammer der Kompanie in Hersbruck bis zum Kriegsende verwaltet hatte und kein Blockführer gewesen war. Er schrieb mir am 14. November 1947: „Mein Verteidiger legte großen Wert auf Deine Aussage, und so fand mein Verfahren dank Deines rechtzeitigen Eingreifens ein rasches Ende." Die Anklage auf Ermordung eines italienischen Häftlings wurde niedergeschlagen.

Ein amerikanischer Militäranwalt bat mich um Hilfe für seinen Mandanten, den Hauptlehrer und Organisten Lutz aus Württem-

berg. Zwei Ausländer hatten unter Eid bezeugt, daß Lutz an einer Exekution von etwa dreißig Häftlingen während des Marsches durch das Naabtal beteiligt gewesen war. Durch diese Aussage geriet Lutz ganz unmittelbar in Gefahr, zum Tode verurteilt zu werden. Mit Erlaubnis des Gerichtes ging ich in das evangelische Pfarramt von Dachau, pauste dort in einem Atlas unsere Marschroute durch und bewies anhand dieser Zeichnung dem Gericht, daß die Hersbrucker Kolonnen nicht durch das Naabtal marschiert waren. Die Anschuldigung konnte also gar nicht stimmen. Oberkirchenrat Dr. Eichel aus Stuttgart schrieb mir in diesem Zusammenhang: „Nächst Gott wird er es Ihnen zu danken haben, daß sein Fall diese Wendung nahm."
„Auch die deutsche Nachkriegsjustiz führte eine ganze Serie von gerichtlichen Untersuchungen und Prozessen gegen ehemalige Angehörige des Konzentrationslagers Flossenbürg (und damit auch des Lagers Hersbruck) durch. Bis Mitte der sechziger Jahre fanden, laut Kartei der Zentralen Stelle in Ludwigsburg, über 200 Prozesse bzw. Ermittlungsverfahren gegen Flossenbürger (und auch Hersbrucker) SS-Angehörige oder Kapos statt... Noch 1978 waren bei verschiedenen Staatsanwaltschaften... Verfahren gegen Flossenbürger SS-Mitglieder anhängig. Ihre Ermittlungen haben zur historischen Aufklärung der Geschehnisse und Verantwortlichkeiten im Lager (auch im Lager Hersbruck) wesentlich beigetragen."[4]
Der deutsche Prozeß gegen Angehörige des SS-Führungsstabes und der Bauleitung Happurg sowie des Lagers Hersbruck fand 1949 statt. Er dauerte zehn Wochen. Zwei Landgerichtsdirektoren, zwei Landgerichtsräte, zwölf Hauptgeschworene, zwölf Ersatzgeschworene und zwei Staatsanwälte waren für die zwanzig angeklagten SS-Leute, Kapos und Angestellten von Baufirmen eingesetzt. Dreihundert Zeugen wurden vernommen. Damit hatte der Prozeß ein Ausmaß, das nur noch bei den amerikanischen Kriegsverbrecherprozessen erreicht wurde. Man sagte damals, es sei der bis dahin größte Prozeß in der Bundesrepublik Deutschland gewesen.
Dreimal mußte ich im Jahre 1949 als Zeuge vor dem Landgericht Nürnberg-Fürth aussagen, und in Ermittlungsverfahren hatte man mich mehrmals zu Hause vernommen. Während ich bei den amerikanischen Prozessen in Dachau freiwilliger Entlastungszeuge war, konnte ich es nicht verhindern, daß ich bei den deutschen Prozessen als geladener Zeuge mit einer wahrheitsgemäßen Aussage mitunter auch Angeklagte belastete.
Noch bis Ende der sechziger Jahre wurde ich immer wieder bei Er-

mittlungsverfahren gegen Verschollene, wie z. B. gegen den ehemaligen Angehörigen des SS-Sicherheitsdienstes Emmert, durch die deutsche Kriminalpolizei verhört. Seitdem aber bin ich nicht mehr beansprucht worden.

Abschließend bezeuge ich mit dem Stuttgarter Schuldbekenntnis des Rates der Evangelischen Kirche in Deutschland vor Vertretern des Ökumenischen Rates der Kirchen: „Durch uns ist unendliches Leid über viele Völker und Länder gebracht worden." Mit ihm klage auch ich mich an, „nicht mutiger bekannt, nicht treuer gebetet, nicht fröhlicher geglaubt und nicht brennender geliebt" zu haben.

Nachwort

Die Herren Studienrat Pfarrer i. R. Alwin Ernst, Westerfeld, Zentralbibliotheksleiter Pfarrer i. R. Lic. Martin Hofmann, Darmstadt, Kirchenoberarchivrat Ekkehard Kätsch, Darmstadt, und der Brunnen Verlag in Gießen haben durch Rat, Hilfe und Kritik viel zum Entstehen des Buches beigetragen. Allen sei hiermit sehr gedankt.

Der Verfasser

Anmerkungen

Zur Vorgeschichte

[1] Die ausgewerteten Unterlagen befinden sich im Zentralarchiv der Evang. Kirche in Hessen und Nassau, 6100 Darmstadt, Ahastr. 7.

1. Jugend- und Studentenzeit

[1] Wer sich über diesen Zeitabschnitt deutscher Geschichte ausführlicher informieren will, den verweise ich auf: Alexander Rüstow: „Ortsbestimmung der Gegenwart", 3. Band: „Herrschaft oder Freiheit", Eugen Rentsch Verlag, Zürich; Bühler: „Deutsche Geschichte", 6. Band, de Gruyter, Berlin; Sebastian Haffner: „Anmerkungen zu Hitler", Kindler Verlag, München.

2. Im Kirchenkampf

[1] Meine Notizen über die Sondergerichtsverhandlung liegen in Kurzschrift vor.
[2] Insgesamt gesehen, mußte die „Befriedungsaktion" der auf Wunsch Hitlers eingesetzten Kirchenausschüsse scheitern. Denn „niemand war imstande", den Nationalsozialismus zu einem Verzicht „auf wesentliche Elemente seiner Vorstellungen und Anschauungen" zu bewegen. (Zipfel: Kirchenkampf in Deutschland 1933 bis 1945, de Gruyter, Berlin 1965, S. 89f.)
[3] 500 Seiten Kurzschrift über die Verhandlungen aller Sitzungen des LKR liegen mir vor.
[4] Hessisches Pfarrerblatt 1978 Nr. 6, S. 190: „Nicht alle haben geschwiegen."

4. Als Schreiber im Konzentrationslager Hersbruck

[1] Der Gesamthäftlingsbestand des Konzentrationslagers Flossenbürg mit allen seinen Außenlagern betrug über 100000 Häftlinge. Von diesen sind mindestens 30000 umgekommen. (Toni Siegert: „Das Konzentrationslager Flossenbürg", veröffentlicht in Martin Broszat: „Bayern in der NS-Zeit", Teil II, München 1978, Verlag Oldenbourg, S. 429–517.)
[2] Hersbrucker Notizen (HN) ebda 17. 2. 1945.
[3] HN, ebda 17. 8. 1944.
[4] HN, ebda 18. 8. 1944.
[5] Bezeichnung für Schlaumeier oder Schlitzohr, hier in gutem Sinn für „treuer Kamerad".
[6] HN, ebda 21. 8. 1944.
[7] HN, ebda, 3. 10. 1944.

[8] HN, ebda 18. 12. 1944.
[9] HN, ebda 19. 12. 1944.
[10] HN, ebda 17. 2. 1945.
[11] HN, ebda 23. 2. 1945.
[12] HN, ebda 29. 3. 1945.
[12a] HN, ebda 28. 9. 1944.
[13] HN, ebda 12. 9. 1944.
[14] HN, ebda 31. 8. 1944.
[15] HN, ebda 31. 8. 1944.
[16] HN, ebda 1. 9. 1944.
[17] Pfarrer Heinz Zahrnt in „Deutsches Allgemeines Sonntagsblatt" vom 31. Juli 1977.
[18] HN, ebda 2. 9. 1944.
[19] Russen, Polen u. a.
[20] HN, ebda 20. 10. 1944.
[21] HN, ebda 29. 8. 1944.
[22] HN, ebda 5. 9. 1944.
[23] HN, ebda 8. 9. 1944.
[24] HN, ebda 15. 9. 1944.
[25] HN, ebda 9. 9. 1944.
[26] HN, ebda 28. 10., 28. 11., 28. 12. 1944.
[27] HN, ebda 24. 2. 1945.
[28] HN, ebda 9. und 14. 12. 1944.
[29] HN, ebda 2. 12. 1944.
[30] HN, ebda 13. 9. 1944.
[31] HN, ebda 29. 10. und 4. 11. 1944.
[32] HN, ebda 13. 9. 1944.
[33] HN, ebda 29. 10. 1944.
[34] HN, ebda 12. 9. 1944.
[35] HN, ebda 5. 2. 1945.
[36] HN, ebda 12. 10. 1944.
[37] HN, ebda 31. 10. 1944.
[38] HN, ebda 8. 12. 1944.
[39] HN, ebda 19. 4. 1945.
[40] HN, ebda 6. 1. 1945.
[41] HN, ebda 31. 8. 1944.
[42] HN, ebda 13. 9. 1944.
[43] HN, ebda 27. 9. 1944.
[44] HN, ebda 28. 9. 1944.
[45] HN, ebda 20. 10. 1944.
[46] HN, ebda 26. 10. 1944.
[47] HN, ebda 22. u. 26. 10. 1944.
[48] HN, ebda 1. 12. 1944.
[49] HN, ebda 11. 1. 1945.
[50] HN, ebda 9. 2. 1945 u. Brief vom 11. 2. 1945.
[51] HN, ebda 29. 10. 1944.
[52] HN, ebda 29. 10. 1944.
[53] HN, ebda 29. 10. 1944.
[54] Ich meinte damit einen Rundgang durch das Lager, wobei wir mitunter bis an die Waden durch den Schlamm waten mußten.

[55] HN, ebda 30. 11. 1944.
[56] HN, ebda 12. 3. 1945.
[57] HN, ebda 13. 3. 1945.
[58] HN, ebda 5. 1. 1945.
[59] HN, ebda 10. 12. 1944.
[60] HN, ebda 4. 3. 1945.
[61] HN, ebda 19. 10. 1944.
[62] HN, ebda 6. 2. 1945.
[63] HN, ebda 24. 10. 1944.
[64] HN, ebda 1. 11. 1944.
[65] HN, ebda 2. 11. 1944.
[66] HN, ebda 16.–22. 11. 1944.
[67] HN, ebda 23. 11. 1944.
[68] HN, ebda 26. 11. 1944.
[69] HN, ebda 4. 12. 1944.
[70] HN, ebda 10. 12. 1944.
[71] HN, ebda 3. 11. 1944.
[72] HN, ebda 5. 12. 1944.
[73] HN, ebda 8. 12. 1944.
[74] HN, ebda 14. 12. 1944.
[75] HN, ebda 26. 2. 1945.
[76] Brief vom 29. 12. 1944.
[77] HN, ebda 27. 12. 1944.
[78] HN, ebda 26. 2. 1945.
[79] HN, ebda 6. 1. 1945.
[80] HN, ebda 24. 2. 1945.
[81] HN, ebda 31. 3. 1945.
[82] HN, ebda 6. 3. 1945.
[83] HN, ebda 26. 2. 1945.
[84] HN, ebda 31. 3. 1945.
[85] HN, ebda 26. 2. 1945.
[85a] HN, ebda 15. u. 20. 2. 1945.
[86] HN, ebda 17. 2. 1945.
[87] HN, ebda 3. 1. 1945.
[88] HN, ebda 5. 12. 1944.
[89] HN, ebda 25. 1. 1945.
[90] HN, ebda 13. 11. 1944.
[91] HN, ebda 7. 1. 1945.
[92] HN, ebda 8. 1. 1945.
[93] HN, ebda 2. 12. 1944.
[94] HN, ebda 3. 2. 1945.
[95] HN, ebda 26. 2. 1945.
[96] HN, ebda 8. 2. 1945.
[97] HN, ebda 8. 3. 1945.
[98] HN, ebda 4. 12. 1944.
[99] HN, ebda 6. 1. 1945.
[100] HN, ebda 11. 2. 1945.
[101] HN, ebda 11. 2. 1945.
[102] Maschinenschriftliche Photokopie in meinem Besitz, Original im Besitz von Professor Luchterhand, New York.

[103] HN, ebda 14. 2. 1945.
[104] HN, ebda 10. 3. 1945.
[105] HN, ebda 3. u. 6. 3. 1945.
[106] HN, ebda 9. 3. 1945.
[107] HN, ebda 18. 3. 1945.
[108] HN, ebda 8. 3. 1945.
[109] HN, ebda 29. 3. 1945.
[110] 1980 berichtete mir Berufsschuldirektor i. R. Karl Meier, Hersbruck, der damals als Angehöriger des „Technischen Notdienstes" eingesetzt war, die Toten zu identifizieren: „56 Zuginsassen waren sofort tot. Die Zuginsassen bestanden z. T. aus Männern und Frauen, die von Polen zu einem Ausbildungskursus unterwegs waren. Die Toten wurden von Häftlingen transportiert. Damals ging das Gerücht um, daß sich diese aus Hunger Leichenteile angeeignet und roh verzehrt hätten." Ich erfuhr damals ein entsprechendes Gerücht, wonach ein Häftling eine abgerissene Hand an sich genommen habe, um seinen Hunger zu stillen.
[111] HN, ebda Ostersonntag.
[112] HN, ebda 6. 4. 1945.
[112a] HN, ebda 7. 4. 1945.
[113] Toni Siegert: „Das Konzentrationslager Flossenbürg", S. 484.
[114] HN, ebda 8. 4. 1945.
[115] Heinz Höhne: „Canaris", Gütersloh 1976, Bertelsmann Verlag, 13. Kapitel: „Der Mord in Flossenbürg", S. 529–571.
[116] Sabine Leibholz-Bonhoeffer: „Weihnachten im Hause Bonhoeffer", Wuppertal-Barmen 1971, Johannes Kiefel Verlag, S. 111.
[117] HN, ebda 8. 4. 1945.
[118] HN, ebda 8. 4. 1945.
[119] HN, ebda 14. 4. 1945.
[120] HN, ebda 16. u. 17. 4. 1945.
[121] HN, ebda 19. 4. 1945.
[122] HN, ebda 19. 4. 1945.
[123] Alle folgenden Zitate sind den HN entnommen.
[124] HN, ohne Datierung.

5. Die Zahl der Toten

[1] Mitteilung von Direktor i. R. Meier/Hersbruck.
[2] HN, ebda 7. 4. 1945.
[3] HN, ebda 14. 4. 1945.
[4] Toni Siegert, a.a.O., S. 484 und Fußnote 131.
[5] HN, ebda ohne Datenangabe unter dem 19. April 1945 notiert.
[6] HN, ebda ohne Datenangabe unter dem 19. 4. 1945 notiert.

7. Die Prozesse

[1] Toni Siegert, a.a.O., S. 488 und Fußnoten 139–140.
[2] Toni Siegert, a.a.O., S. 488 und Fußnoten 139–140.
[3] Dieses Schreiben vom 14. 5. 1947 ist in meinem Besitz.
[4] Toni Siegert, a.a.O., S. 489.

Bücher aus dem Brunnen Verlag

Wilhelm Landgrebe
Dietrich Bonhoeffer
Wagnis der Nachfolge
78 Seiten. ABCteam 3129. Taschenbuch

Dietrich Bonhoeffer war 27 Jahre alt, als der Nationalsozialismus an die Macht kam. Es dauerte nicht lange, bis der junge Pfarrer im Kampf der Bekennenden Kirche stand. Sein Einspruch gegen ein verwässertes und ideologisch angepaßtes Evangelium und sein mutiger Widerstand aus Gewissensgründen brachten ihm Rede- und Schreibverbot ein und schließlich Jahre der Haft. 1945 wurde er von den damaligen Machthabern hingerichtet.
Bonhoeffers Ruf in die Nachfolge Christi hat bis heute nichts von seiner Aktualität und Eindrücklichkeit verloren.

BRUNNEN VERLAG · GIESSEN UND BASEL

Sie zeigen uns den Weg

Gelebte Vorbilder bewirken mehr als eine Unmenge von Appellen und Worten. Die einzelnen Leitbilder in den folgenden Büchern sind unter ein Thema gestellt und werden mit Originaltexten so dargestellt, daß darüber in Jugendkreisen und Gesprächsgruppen diskutiert werden kann. Die Leitbilder eignen sich aber auch hervorragend zur persönlichen Lektüre und können zu einer großen Herausforderung und Ermutigung werden.

Jörg Gutzwiller

Sie fordern uns heraus

104 Seiten. ABCteam 822. Paperback. 2. Auflage

Franz von Assisi, Dietrich Bonhoeffer, Florence Nightingale, Charles de Foucauld, Theresa von Kalkutta.

Klaus Dieter Härtel

Sie zeigen uns den Weg

120 Seiten. ABCteam 838. Paperback

Laurentius, Amalie Sieveking, William Booth, Ludwig Nommensen, Martin Luther King.

Jörg Gutzwiller

Werkbuch Leitbilder

72 Seiten. ABCteam 846. Paperback

Augustinus, Bernhard von Clairvaux, John Wesley, Mathilda Wrede.

BRUNNEN VERLAG · GIESSEN UND BASEL